国家一流本科"劳动与社会保障"专业建设点资助
首都经济贸易大学中国老龄协会老龄科研基地研究成果

# 我国农村居民
# 基本养老保险需求及
# 政策研究

李　慧◎著

Research on the Demand and Policy of
Basic Old-age Insurance for Rural Residents in China

经济管理出版社
ECONOMY & MANAGEMENT PUBLISHING HOUSE

图书在版编目（CIP）数据

我国农村居民基本养老保险需求及政策研究/李慧著 .—北京：经济管理出版社，2021.4

ISBN 978 - 7 - 5096 - 7961 - 6

Ⅰ.①我… Ⅱ.①李… Ⅲ.①农村—社会养老保险—研究—中国 Ⅳ.①F842.612

中国版本图书馆 CIP 数据核字（2021）第 081703 号

组稿编辑：张巧梅
责任编辑：张巧梅
责任印制：黄章平
责任校对：张晓燕

出版发行：经济管理出版社
　　　　　（北京市海淀区北蜂窝 8 号中雅大厦 A 座 11 层　100038）
网　　　址：www. E - mp. com. cn
电　　　话：（010）51915602
印　　　刷：唐山玺诚印务有限公司
经　　　销：新华书店
开　　　本：720mm × 1000mm/16
印　　　张：12.75
字　　　数：181 千字
版　　　次：2021 年 7 月第 1 版　　2021 年 7 月第 1 次印刷
书　　　号：ISBN 978 - 7 - 5096 - 7961 - 6
定　　　价：78.00 元

# 前　言

近年来，"三农"问题广受关注，党的十六大第一次明确提出"统筹城乡经济社会发展"，十七大又提出了"建立覆盖城乡居民的社会保障体系，保障人民基本生活"，其中探索建立农村社会养老保险制度是其核心内容之一。十九大报告指出，"加强社会保障体系建设"，"全面建成覆盖全民、城乡统筹、权责清晰、保障适度、可持续的多层次社会保障体系"，"全面实施全民参保计划"。农村养老保险作为养老保险制度中的薄弱环节，尤其受到关注。为响应十八大提出的"全覆盖、保基本、多层次、可持续"方针，本书从收入替代率、基本生活需求和收益率三个角度分析了农村社会养老需求，并根据研究结论提出了政策建议。

本书的研究内容主要包括以下四个方面：首先，运用替代率计算模型分别计算了基础养老金、个人账户的收入替代率和整体替代率，明确了我国农村基本社会养老保险的收入替代情况，其中基础养老金替代率分别从宏观、中观和微观三个层次计算和比较。其次，从基本需求的角度测算了我国农村居民的基本生活需求，具体地，从中微观层面分析了贫困县和小康生活需求并结合调研数据进行了综合分析。再次，在理性人和社会保障投资性质假设的基础上对农村居民投资理财的情况进行调研，并对农村社会养老保险和相关投资理财方式的收益率进行测算。最后，结合前三部分的测算对农村社会养老保险的适度水平进行界定，并以山西地区为例进行政策研究，归纳总结出提高农村居民基本养老保险的保障程度、提高养老金收入的"三驾马车"。

本书得出主要结论有：第一，在当前农村社会养老保险的相关制度框架下，不计算地方财政补助激励，农村居民基本社会养老金（基础养老金）替代率总体偏低，保障不足。存在地区差异和群体收入差异，但城乡差异和国内外差距更为明显。第二，在基础养老金绝对值不变的情况下，随着农民人均纯收入的提高，基础养老金替代率不断下降，调整提高基础养老金、提高个人缴费档次并且延长参保时间，会提高养老金的相对水平。第三，从适度的农村社会养老金需求水平来看，农村社会养老保险需要设定一定的界限，建议以贫困地区居民基本生活水平为下限，以小康社会收入水平为适度水平的计算基础。当前的农村居民基本养老保险对生活需求的替代比例比较低，甚至不能完全代替老年人的食物需求。第四，从风险和收益角度评价，在储蓄、农村社会养老保险和商业养老保险三种方式中，农村社会养老保险的风险较低，内部收益率最高，是适合农村居民的养老理财方式。但是还需要提高运营水平和养老金盈利能力，建议提高农村社会养老保险的利息水平。此外，农村社会养老保险的缴费档次越高，内部报酬率越低，需要加大补助的力度，进一步提高收益率。第五，适度的农村社会养老保险应满足基本生活标准、替代率标准和收益率标准，同时综合利用增加基础养老金、增加补贴和提高记账利率的"三驾马车"拉动农村社会养老保险的保障程度。

本书基于研究和测算提出了以下五大政策建议：第一，尽快提高基础养老金，满足人民基本生活。第二，建立梯度明显的补贴制度，加大对农村居民参保的吸引力。第三，加快农村社会保险基金运营建设，提高社保基金收益能力。第四，结合多种养老保险方式，建立多支柱养老保障体系。第五，加大宣传力度，提高政策和信息透明度。

本书在对我国农村居民基本养老保险的替代率、基本需求和收益情况进行综合分析的基础上，结合调研情况提出了相关政策建议。我国农村居民基本养老保险制度的建立使我国社会保障体系更为完整，城乡社会保障体系更加完善，对我国全面建成小康社会具有重要意义。因此，应尽快完善相关制度，推进社会主义社会保障事业的建立健全。

# 目　录

# 第1章　导论

## 1.1　研究背景

近年来，"三农"问题越来越受到社会的广泛关注，到 2021 年中央一号文件已经连续 18 年聚焦"三农"问题，随着脱贫攻坚战取得决定性胜利，国家成立了乡村振兴局，说明党和中央将农业、农村、农民的发展问题摆在了至关重要的位置。建立全面的社会保障体系是促进农业农村发展、提高农民生活质量的重要举措。党的十六大第一次明确提出"统筹城乡经济社会发展"的方略，党的十七大提出了"建立覆盖城乡居民的社会保障体系、保障人民基本生活"，其中探索建立农村养老保险制度是其核心内容之一。十八大报告提出"要统筹推进城乡社会保障体系建设。要坚持全覆盖、保基本、多层次、可持续方针，以增强公平性、适应流动性、保证可持续性为重点，全面建成覆盖城乡居民的社会保障体系"。十九大报告中提出"全面建成覆盖全民、城乡统筹、权责清晰、保障适度、可持续的多层次社会保障体系"，"完善城乡居民基本养老保险制度，尽快实现养老保险全国统筹"。随着我国逐步进入老龄化社会，发展滞后的农村养老保障、医疗保障等社会保障制度正在给农村经济社会发展带来隐忧。我国社会保障中的养老保险是相对薄弱的一环，而为社会经济改革做出巨大贡献的农民群体的养老保障制度则是社会保障中的短板。在我国经济发展取得显著成效的同时，在全面建成小康社会之际，为广大农民群体建立可行可靠、有保障可持续的农村社会养老保障制度刻不容缓。

2009 年，新型农村社会养老保险制度的试点范围已经覆盖了全国市县的 10%，并于 2012 年底实现了全覆盖，提前 8 年完成了任务，并且建立了统筹的城乡居民社会养老保险，为我国农村居民提供了基本的社会养老保障。建立完善的农村居民基本养老保险制度，是推进覆盖城乡居民的社会保障体系建立健全的重要环节，有利于实现农村居民的基本权利，有利于农村居民基本生活的保障，有利于农村减贫和城乡差距的缩小。加快健全中国特色社会养老保险体系将为更好地保障和改善民生、全面建成小康社会奠定坚实的基础。当前，我国城乡居民基本养老保险（以下简称城居保）覆盖人口超过 5.2 亿，领取待遇的人数近 1.6 亿，全国的基金总收入 3837.7 亿元，总支出 2905.5 亿元，累计结存 7250.3 亿元，保障人口多且预计未来持续时间长，是我国多层次社会保障体系中的重要支柱。

但是需要看到的问题是，农村居民基本养老保险并不能满足农村老年居民的基本生活，只是解决了"零花钱"的问题。在经济形势增速放缓的新常态下，一边是政府的财政支持并不能无限支撑社会保障的扩大，另一边是刚刚起步的农村社会保障亟须加强。城镇化、老龄化、经济新常态和信息化等背景也使得农村养老保险制度的实行面临一系列新的问题和机遇。

《关于深入推进新型城镇化建设的若干意见》中指出，2015 年我国城镇化率达到 56.1%，城镇常住人口达到了 7.7 亿。"十二五"时期，我国城镇化率年均提高 1.23 个百分点，每年城镇人口增加 2000 万，比欧洲一个中等规模国家的总人口还要多。城镇化规划提出，到 2020 年户籍人口城镇化率要达到 45%，常住人口城镇化率在 60% 左右。国家统计局《2020 年国民经济和社会发展统计公报》数据显示，2020 年全国农民工总量 28560 万人，其中，外出农民工 16959 万人；本地农民工 11601 万人，2020 年末，我国常住人口城镇化率超过 60%。农村进城务工人员，主要从事非农行业，从事行业分布广泛，特别是许多劳动密集型产业，外出务工时间长而且长期在城镇生活和工作，职业已转变为产业工人，对中国的工业化和社会、经济发展做出了不可替代的贡献。农民工问题关乎中国经济和社会发展，不仅推动城市的建设，加快了城市和农村地区的平衡发展，同时也为农民创收，促进"三农"问题得以更好的解决。因此处理好农民进城务工问题，有利于促进社会的工业化、城市化、现代化与和谐稳定发展。当前，农民工完全市民化仍然受到诸多因素的阻碍，短时间内无法实现，农民工还不能享受到与城镇居民完全相同的社会保障待遇，尤其是养老保障待遇。这表明我们城镇化道路依然漫长，其面临的养老保障问题在未来很长一段时间内都会存在，农村居民基本养老保险这项保障制度也将随之存在并且亟须完善。

我国自 21 世纪初即面临"低人口自然增长率""低出生率"以及"低死亡率"问题，用了不到 30 年的时间走完了人口增长模式转变的过程（蔡防、王美艳，2006）。由此带来的一个重要问题就是人口老龄化社会提前来临。老龄化社会通常指人口总比重中 60 岁以上的人口占到 10%，或者 65 岁以上的人口占到 7% 的社会人口结构。我国第五次人口普查数据显示，我国人口在 2000 年即有超过 7% 的人口在 65 岁以上，该比重在第六次人口普查中上升至 8.9%，同比增长 1.9%。受出生率下降、人均寿命不断延长以及青壮年农民外出务工等因素影响，农村老年人口不断增加，农村老龄化系数和农村总抚养比也在逐年攀升（杨清哲，2013）。

在社会保障特别是农村社会保障工作仍然不是很完善的现状下，社会老龄化进程加快，必将促使农村养老问题成为社会的严峻问题。随着社会管理体制和经济体制变革的加深，农村养老问题已经成为影响社会主义新农村建设的一个重要因素，同时影响着和谐社会构建和小康社会的全面推进。学术界公认养老问题应该包括四个方面："谁来养""养不养""怎么养"及"养得怎么样"（王述智、张仕平，2001）。农村的老人普遍靠自己或者子女养老（邓大松等，2000；乐章，2012；程令国等，2013；于长永，2015）；养得起就养，养不起就不养（杨清哲，2013）；养老情况不容乐观（杨清哲，2013；张晔等，2016）。人口老龄化的到来使得农村非正式的养老保障制度面临着巨大挑战。随着农村养老制度原有的保障功能减弱，已不能独自承担农民养老保障，农村养老压力要远远大于城镇养老压力。农村社会保障体系的建立健全刻不容缓。

经济新常态就是在经济结构对称态基础上的经济可持续发展，包括经济可持续稳增长（陈世清，2015）。经济新常态的主要特点之一是经济增长速度从高速增长转为中高速增长，年均经济增速减慢，与之前高达9.9%的年增长率相比，平均年增长率下降2%~3%。2014年10月，国际货币基金组织（IMF）预测世界经济年均增长速度在2014~2019年会放缓至3.9%，其中2.3%为发达国家，新兴经济体占5%。经济新常态下，尤其是遭遇疫情的冲击，我国的经济增速有一定的回落，会对财政造成一定的压力，也会影响到社会养老保障的财政供给，尤其是对建设初期的农村居民基本养老保险影响更大。但是我国经济增长也处于一定的领先地位，因此要注重社会保障的调节，既不能过快也不能过慢，才能对经济和社会发展起到适当的保障和推动作用。

供给侧结构性改革的目的在于优化经济结构，通过调整各个要素配置，使得经济水平在质量和数量上都取得明显提升。其出发点在于供给质量的提升，借助改革的途径来调整经济结构，使得有效供给不断增大，使得供给结构在需求变化时具备更好的灵活性和适应性，提升各个要素的生产率，更广泛地满足广大人民群众的需求，推动社会和经济更好更快的发展。

对于社会养老保障而言，在财政紧张的情况下，更要改善供给，提高保障效率，才能更好地满足广大人民群众的养老需求。但是由于我国农村居民的养老保障还远远不足，尚处于建设阶段，在达到一定程度之前是需要持续加强的，因此本书并不侧重财政支撑的考虑。

此外，随着经济发展，信息技术也得到了长足的发展。在社会养老保障方面，信息化不仅可以提供便捷的办理领取程序，还可以通过搜集参保用户的数据进行分析从而为更合适的养老保障提供技术支持，信息化是一种先进的生产力，尤其是大数据更是一种宝贵的资源。当前农村社会养老保障的数据收集系统还不够健全，但已经可以用来为保障体制和政策的调整提供有效的支持，然而农村社会养老保障全民信息系统的建设还任重道远。

立足于以上多重背景，本书认为农村居民的养老问题需要密切关注，面临着"需求多，供给紧张"的矛盾，因此重点是要推测农村居民的实际养老需求，并且测算现行社会养老保障体系能否满足其需求。根据农村居民基本养老保险的保障程度和收益情况进行政策调整，以需求侧为出发点，以供给侧为手段，力求为农民群体提供满足其基本养老需求的社会养老保障。

# 1.2 研究目的及意义

## 1.2.1 研究目的

为了确保农村居民基本养老保险政策的顺利实施和预期效果，关注和研究农村居民的养老保险需求显得尤为重要。在全国各地将新型农村社会养老保障政策如火如荼推进的过程中，已经产生了一系列困难和问题，这就需要根据我国情况具体问题具体分析，根据农村居民需求引导其选择合理合适的养老保险，并且进一步进行农村养老保障制度改革，使其真正达到利国利民的效果。

2016 年中央一号文件提出"要完善城乡居民养老保险参保缴费激励约束机制，引导参保人员选择较高档次缴费"。但是在鼓励农民参加高档次保险之前，首先要明确以下几个问题：

（1）选择高档次的养老保险能否满足农民老年生活需求；

（2）农民当前是否具有购买能力和意愿；

（3）农民是否知道选择不同档次的养老保险会得到怎样的保障。

本书的总体研究目的是：

（1）明确现有农村居民基本社会养老保障体系的替代水平。

（2）明确农村老年人的基本生活需求。

（3）根据保障水平和收益率的分析，从保障农村老年人基本生存和生活水平的需求条件方面出发，分析研究城乡居民社会养老保障给农村居民带来的实际保障和收益。

（4）根据实证分析提出政策的完善方案，促进农民根据自身情况选择合适的参保档次，最大限度地为老年生活提供保障。在财政约束条件下，力求提供相对精准的养老供给。

## 1.2.2　研究意义

理论价值：本书选取替代率的指标，从收入替代和消费替代两个方面全面测算了我国农村居民基本养老保险的保障水平，并且根据居民收入增长进行预测，对不同经济发展水平下的农村养老保障情况进行了定量研究，有利于促进农村社会保障制度向公平正义的制度伦理方向改进。

应用价值：本书结合收入替代、消费需求替代和收益率三方面对农村居民基本养老保险进行分析和比较评价，并根据研究对关键的部分进行试算分析，对政策调整方向提出参考性建议。

本书选择农村居民的需求作为切入点，目的在于精准地把握实际需求，避免有限财政资源的浪费和事倍功半的投入。希望能通过本书的研究为我国的社会保障事业做出一份贡献，能为农村的养老保障事业尽绵薄之力。

# 1.3　研究内容和方法

## 1.3.1　研究内容

本书主要研究农村居民基本养老保险制度对农民的保障程度和农民获得的实际收益，通过统计数据和调研数据对农民的需求进行细分和测算，并对养老保险体系提出合理的改进建议。本书内容主要围绕以下几个部分展开：

（1）通过对社会养老保险替代率对比研究，测算农村居民基本养老保险的保障程度；

（2）对农村居民基本养老消费需求进行针对性测算和研究，评估现行体系是否能满足农村居民养老需求；

（3）通过对社会养老保险收益率对比研究，测算农村居民社会养老保险的收益情况；

（4）对农村居民社会养老保险政策提出政策建议，并进行制度优化。

## 1.3.2　研究方法

本书采用定量分析和定性分析进行跨学科研究，贯穿了农业经济学、金融学、保险学、社会学等多个领域，对农村居民基本养老保险的需求进行了研究和分析。

根据本书的研究目标，本书对应选取了以下研究方法：

定性分析：查阅文献，对国内外养老保障制度梳理归类，对国内调研资料进行整理分析；

实地调研：采用问卷调研及实地访谈等形式，了解农村居民的养老需求；

定量分析：运用保险学精算模型计算替代率和保障水平；运用金融学的投资收益评估方法计算收益等。

### 1.3.3 技术路线

技术路线如图 1－1 所示。

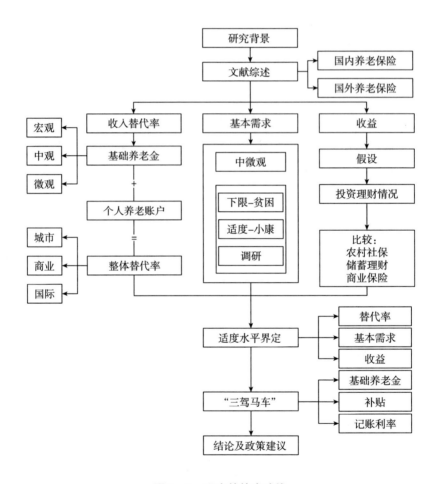

**图 1－1 研究的技术路线**

# 1.4 创新点

与现有研究成果相比，本书研究的创新之处主要有以下两个方面：

（1）研究方法采用了点面结合的方法，从宏观、中观和微观三个层次进行测算，结合了统计数据、调研数据和文献研究，从不同角度测算了农村居民社会养老保险的替代率和需求，使用中位替代率进行测算，得出了更为全面、精准和细化的结果。

（2）从保障和收益两个角度评价农村居民基本养老保险，并且提出了以贫困县农村居民生活需求为标准的养老保障下限和适度的农村居民基本养老保险替代率标准。

# 第2章 研究进展与理论基础

## 2.1 相关概念

### 2.1.1 农村居民基本养老保险

本书研究的"农村居民基本养老保险"主要是指城乡居民社会养老保险中农村居民参保的养老保险，2014 年以前是指新型农村社会养老保险（以下简称"新农保"），在 2014 年以后"新农保"与城镇居民社会养老保险（以下简称"城镇居保"）合并为城乡居民基本养老保险，二者均属于我国居民基本养老保险的类别。其中，农村居民基本养老保险也称为农村居民社会养老保险，本书为突出其"保基本"的性质保留"基本"二字，称为农村居民基本养老保险。

我国的农村社会养老保障制度大致经历了以下四个时期：

（1）老农保时期：1992～1998 年，国家民政部主导的农村社会养老保险制度（也称为老农保）是改革开放后我国政府对于农村社会养老保障制度的新探索，但是老农保基本上是一种农民的自我储蓄，出于财政支持力度不足、参保率不高、保障程度低等原因逐渐趋于停滞。

（2）探索时期：进入 21 世纪后，政府转变了发展理念和模式，尤其是党的十六大的召开，把发展社会保障事业作为全面建设小康社会的重要内容。十六大报告提出"有条件的地区探索建立农村养老、医疗保险和最低生活保障制度"，由此我国农村社会养老保障制度进入了新的探索阶段。

（3）新农保试点时期：经过各个地方的探索并结合积累的有益实践经验，2009 年 9 月，我国正式在全国 10% 的县市范围内开展新型农村社会养老保险试点，发布了《国务院关于开展新农保试点的指导意见》（国发〔2009〕32号，以下简称《指导意见》），对参保者的年龄、身份、补助资金等情况做了明确的指导和说明。新农保的基本原则是"保基本、广覆盖、有弹性、可持续"，先保证基本和覆盖面，再逐步改进，这是从农村实际情况出发，综合考虑了各方面的承受能力而制定的原则。并且新农保的筹资模式有了明显的进步，不仅要求参保者通过缴纳保费积累一定的养老资金，同时从财政的角度加大了支持力度，例如政府对中西部地区的基础养老金进行全额补助，体现了中央财政的支持力度。此外还规定了地方政府给予"每人每年不低于 30 元"的参保补贴标准，并对残疾有困难的居民全额补助，提倡有条件的集体提供参保补助，体现了新农保制度筹资机制的全面和综合性，为建立农村多支柱养老保险奠定基础。

（4）城乡统筹时期：2014 年 7 月，根据党的十八届三中全会提出的"整合城乡居民基本养老保险"的要求并结合近 5 年的试点经验，我国建立了统一的城乡居民基本养老保险制度（以下简称"城乡居保"），这标志着覆盖城乡的社会保障体系的全面完善，具有跨时代的意义。由于合并前和合并后的两项制度基本相同，只在缴费档次和补贴程度上进行了调整，例如，在合并前有的地区的城乡居保制度补助略高于新农保制度，参保的最高档次高于新农保的最高档次，在合并后将参保档次和补贴等规定都进行统一。因此合并前后的制度区别不明显，新农保、城乡居保和城乡居保制度所指的可以认为同一项制度。在本书的研究中，涉及 2014 年及之前的政策指新农保制度，在 2014 年之后的政策指城乡居保制度。

### 2.1.2　研究对象

新农保和合并后的城乡居民社会养老保险的《指导意见》规定，年满 16 周岁（不含在校学生）、未参加城镇职工基本养老保险的农村居民，非国家机关和事业单位工作人员及不属于职工基本养老保险制度覆盖范围的城乡居民，可以在户籍地自愿参加城乡居民养老保险。

本书的研究对象主要为符合上述参保范围的农村居民，具体而言包括农村常住居民、农村外出务工人员等。城市中没有职工保险等其他类型养老保险的居民也可以参考本书的研究成果，虽然由于调研范围有限，本书的调研数据没有把这部分人群包括在内，但是本书的研究成果适用于参加农村居民基本养老保险的所有参保人员。

### 2.1.3　需求界定

根据理论基础中的需求理论，需求分为有效需求和无效需求。陈文娟（2009）为了强调中年农村居民参加农村养老保险的意愿和缴费能力使用有效需求这个概念表示既有参保意愿又有参保能力，如表 2 - 1 所示，有购买能力和购买意愿才能成为有效需求，其他的均为无效需求。

表 2 - 1　需求定义

|  | 有购买意愿 | 没有购买意愿 |
| --- | --- | --- |
| 有购买能力 | 有效需求 | 无效需求 |
| 没有购买能力 | 无效需求 | 无效需求 |

本书的研究中沿用了有效需求概念，但对其需求的界定进行了扩展。如表

2－2 所示，有意愿、有能力购买的为有效需求，有意愿、没有能力购买和没有意愿、有能力购买的定义为潜在需求。这是因为在我国农村，养老保障的建设时间不长，政府对于农村居民的补助力度不足，农村居民可能存在着大量的潜在需求没有转化为有效需求，但并不能忽视这部分需求。对于没有购买能力的这部分农户，可以通过政府补助和补贴为其补充缴费。对于没有购买意愿而有购买能力的农村居民，更需要充分挖掘需求，可能是由于其对农村社会保障的政策了解不多，或者其对目前政策有不满足的地方，可以通过进一步研究、宣传或者改进政策来挖掘需求。因此本书将这部分需求定义为潜在需求。在本书的研究中，表 2－2 中的需求①②③都属于本书的研究范围。

表 2－2　需求改进表格

|  | 有购买意愿 | 没有购买意愿 |
| --- | --- | --- |
| 有购买能力 | ①有效需求 | ③潜在需求 |
| 没有购买能力 | ②潜在需求 | ④无效需求 |

对于农村居民对养老保险的需求有多大，本书从居民基本生活需求入手，通过农村居民老年基本生活需求来推算其养老需求，进而测算其需要的农村居民基本养老保险。

### 2.1.4　替代率

养老金替代率是衡量养老金水平高低的重要指标，其概念根据研究的问题而有所不同，主要是指老年人的养老金与个人或者当地平均收入、消费等数值的比率。替代率分为目标替代率、平均替代率、总和替代率、交叉替代率等，从不同角度反映了养老金对老年人生活的保障情况。对于城镇职工而言，收入主要是指工资，用个人的工资或者社会的平均工资来计算。由于城镇职工工资数据比较直观且容易获得，所以对城镇职工养老保险的替代率情况研究相对较多。而农村居民基本养老保险开始时间不长，学者（柳瑞清，2004；郑功成，

2008；李珍等，2012；穆怀中，2013；项洁雯，2015；黄丽，2015）大多采用平均收入数据进行测算，收入数据采用的是人均纯收入。

一些学者（何文炯，2004；贾楠，2009；袁卫，2013；王晓军，2013）认为无论是国际还是国内的计算方法都是对个人替代率的目标，并不能反映真实客观的待遇水平，建议采用工资收入的中位数来计算，以克服极端值的影响。王晓军（2013）用城镇居民工资数据进行估计认为中位替代率高出平均替代率7%～11%，而且替代率都在50%以上，由此认为按照平均替代率计算可能存在低估的问题。

在本书的研究中，由于农村居民没有平均工资的定义，因此采用农村居民人均纯收入作为平均工资的替代，并且分别用平均数和中位数进行测算。此外，参照替代率的定义，用养老金和个人需求支出的比例定义为需求替代率，可以反映养老金对居民个人生活需求的满足程度。

虽然替代率有不同的分类和定义，但基本的公式是相同的。根据替代率的定义，可以列出以下基本公式：

$$\rho_B = \frac{P_t}{y_{t-1}}$$

其中，$\rho_B$ 表示养老金替代率，$P_t$ 表示第 $t$ 年的养老金，$y_{t-1}$ 表示 $t-1$ 农民人均纯收入或中位数，或者农民支出等。本书对于替代率的计算均采用以上基本公式。

## 2.2 研究进展

### 2.2.1 国外养老保险

学者吴帆（2013）认为，欧洲人口结构失衡和高度的老龄化撼动了福利国家的基础并导致了欧债危机，这对于人口、经济和社会正处于变化调整期的中国来说是一个警示。李义平（2015）用希腊危机的例子说明高福利国家造成的一系列危机，警示我国要吸取经验教训。特别是欧债危机以后，越来越多的学者开始关注高福利对国家长期发展的负面作用。由此可见，西方国家的危机主要是由高福利和人口老龄化造成的。虽然我国目前还远远没有达到高福利的保障水平，但是正如于新东（2013）形象地指出的"保障民生的制度安排如同开弓没有回头箭"，如果我们不能提前预防，很可能也会亦步亦趋地走入同样的境地，考虑到中国人口众多并且老龄化严重，谨防高福利的双刃剑是非常有必要的。

墨尔本美世全球养老金指数对世界各国的养老金体系进行了相对科学和严谨的排名。2014 年墨尔本美世全球养老金指数（Melbourne Mercer Pension Index）报告的作者、美世高级合伙人 David Knox 博士指出："在许多国家，确保养老财务安全的责任正在从国家和雇主转移到个人。由于平均寿命不断延长，而且许多国家的政府减少了对本国老年人口的人均支出，这种趋势将继续。这种转变意味着，与养老金体系参与者的沟通比任何时候都更加重要，或者说受到了来自养老金参与者、监管机构、雇主、消费者团体、政治家和媒体的更多关注。"墨尔本美世全球养老金指数认为养老金的充足性（40%）、可持续性（35%）和全面性（25%）是评价养老保障体系的主要标准并且确定了相应的权重。

西方国家的一些典型代表都对其社会养老保障制度进行了一些改革。瑞典是福利国家的典范，英国的社会保障制度起源最早，法国的养老制度改革比较多，德国是世界上最早建立养老保障制度的国家。这些国家都先后遭遇了养老金困境，并采用各种方案改革以改善境遇，这些方法主要是"一少三加"，即"减少支出、增加积累、增加收益和加强稳定"。

### 2.2.1.1　瑞典养老制度改革

瑞典作为福利国家的典范，很早就建立了全民养老体系。1931 年瑞典议会通过了国民年金法案，并用 40 年的时间逐步建立起举世闻名的"从摇篮到坟墓"的福利保障。瑞典的社会养老保障以"高福利、高税收"为特点，通过征缴高额的税费来提供充足的福利，其中养老保险的替代率达到了 65%①。

按照国际标准②，瑞典早在 1950 年就已经进入老龄化社会，当时 65 岁以上老年人口已经占到总人口数的 10.18%③。第二次世界大战以后，尤其是 20 世纪 70 年代以后，瑞典社会经济发展速度明显下降，再加之石油危机到来，"婴儿潮"的爆发使得享受养老金的人口急剧增加，1970 年 65 岁以上老年人口已经达到 13.67%。④ 瑞典的经济发展逐步受到了高福利的严重制约，因此瑞典政府开始采取措施缩减社会保障支出。瑞典养老金改革的主要特点是从慷慨到吝啬，从完全由国家管理变为国家管理和私人管理相结合，由原来的现收现付制转向现收现付制与养老金投资并重。

表 2 - 3 列出了瑞典养老保险的主要改革方案，其中增加养老金积累的措施有增加缴费和延迟退休，增加收益的措施有引入养老金投资，加强稳定的措施有设立储备金和加强监管。瑞典养老保险制度的改革可谓是多管齐下。

**表 2 - 3　瑞典养老保险制度主要改革方案**

|  | 原制度 | 新制度 |
|---|---|---|
| 保证类型 | 保证收益型 | 保证缴纳型，养老金取决于从工资中扣缴的养老金积累数及投资收益，工作时间越长，积累越多 |
| 支付制度 | 现收现付制 | 现收现付制与养老金投资并重，年收入 18.5% 作为养老金，积累并计息，其中 16% 用于现收现付，2.5% 按个人意愿进行投资 |
| 指数挂钩 | 养老金与物价指数挂钩 | 养老金与工资指数挂钩 |

① 《环球时报》，2004 年 7 月 7 日第十七版。

② 1956 年联合国发布的《人口老龄化及其社会经济后果》确定了划分标准，当一个国家或地区 65 岁及以上老年人口数量占总人口比例超过 7% 时，则意味着这个国家或地区进入老龄化。

③④ OECD, http: //stats. oecd. org/#, Demography and Population – Population Statistics – Historical population data and projections（1950 – 2050）.

续表

|  | 原制度 | 新制度 |
|---|---|---|
| 资金程度 | 养老金由雇主承担 | 雇主和雇员各一半，雇员工资率提高相同百分比 |
| 转换制度 | 1934 年前出生执行旧制度 | 1954 年之后出生的执行新制度，其他两个制度相结合 |
| 退休年龄 | 60 岁 | 65 岁 |
| 储备金 | 无 | 过去的养老金积累设立储备金 |
| 监管 |  | 国家保险局，基金制基金管理局 |

目前，瑞士基本养老金由两部分组成，包括国家保证养老金和收入关联养老金（工资收入的 18.5%），国家保证养老金用于最低保障，收入关联养老金又包括收入型养老金（16%，由四个缓冲基金管理）和基金制养老金（2.5%，由基金管理局 PPA 管理）。这些基金近年来的收益率都很不错，四个缓冲基金年化收益率在 3%～4%，基本可以达到收大于支。此外，瑞典还建立了准强制性的职业养老金作为第二支柱，主要用于私营部门的员工养老，也取得了不错的收益。

2.2.1.2　英国养老保险制度改革

1906 年自由党上台后宣布实行免费养老金制度，1909 年该制度正式实施，标志着建立起了国家养老金制度。

从 1925 年开始，英国政府不断对养老保险制度进行改革和完善，并于 1959 年颁布了新的国民保险法。经过不断的改革，英国养老金制度变得复杂而相对合理，但是由于国家制度对市场的干预以及福利国家对经济的依赖，到了 20 世纪 70 年代人口压力凸显及经济衰退影响，英国的养老金制度就陷入了进退两难的境地。撒切尔政府和梅杰政府采取了相对激进的改革方案，逐步减少国家责任，引入市场机制，但却由于监管相关法律机制没有跟上而引发了一系列丑闻。之后的布莱尔政府力求开辟第三条道路，将国家和市场结合起来。由于英国的公共养老金采取现收现付制度，未来养老金缺口依然会增加，因此改革在持续中。

表 2 - 4　英国养老保险制度主要改革方案

|  | 原制度 | 新制度 |
|---|---|---|
| 基本养老金 | 定额国家养老金 | 降低国家养老金支付水平，引入与收入相关联养老金 |
| 职业养老金 | 待遇确定性 | 缴费确定性 |
| 个人养老金 | 无 | 引入个人养老金计划，由保险公司和金融机构提供，供个人选择 |
| 延迟退休 | 女性 55 岁，男性 60 岁 | 2003 年女性 60 岁，男性 65 岁，2018 年男女均为 65 岁，之后到 2020 年 66 岁，2035 年 66 岁，2046 年达到 68 岁 |
| 监管 |  | 增加了新的国家养老金法案，并由不同监督机构监管 |

表 2 - 4 列出了英国养老制度改革的主要方案。英国养老保险制度改革通过降低国家养老金支付水平来减少支出，并通过延迟退休来增加积累，引入个人养老金计划以增加收益，加强监管来促进稳定。

目前英国养老金基本可划分为三支柱：国家养老金信用账户和国家基本养老金、国家第二养老金和职业养老金、个人养老金。第一支柱具有强制性和全覆盖，实行现收现付制，与员工收入水平无关，保证退休后的最低生活需要。第二支柱由雇主为职工选择一种养老金计划并帮助其加入，雇主需要按一定比例缴纳费用。第三支柱是个人养老金，由于职业养老金的快速发展，个人养老金参加人数近年来有所下降。

2.2.1.3　法国养老保险制度改革

法国的养老保险最早开始于 19 世纪公共部门的养老金制度，但那时并没有普及。1946 年法国政府颁布了《社会保障法》，开始将养老保险的受益对象扩大到全体公民。法国的养老保险制度初期也具有高福利的性质，但是从 20 世纪 70 年代开始，法国的 65 岁以上人口已经达到了 12.87%[1]，经济下滑，法国政府不得不在强烈的反对声中多次对养老保险制度进行改革。

---

① OECD，http：//stats. oecd. org/#，Demography and Population - Population Statistics - Historical population data and projections（1950 - 2050）.

1993 年，巴拉杜发起的养老保险制度改革降低了私立部门的保障水平，但之后对于公立部门的改革却因反对和罢工等没有成功。2003～2008 年法国政府又推动了两次改革，降低公共部门保障水平，优化养老保险结构（建立了新的资本积累型的强制补充保险），照顾弱势群体。2010 年提出了推迟退休年龄，将退休年龄调整为 62 岁，获得全额养老金的年龄推迟到 67 岁；另外进一步缩减了公共部门与私立部门的差距。2013 年 12 月 15 日法国又发布了退休改革法案，这是第五次退休改革，将进一步提高基本养老保险金缴费率，延长缴费年限。法国政府表示还将继续根据情况进行调整。

表 2－5 列出了法国政府采取的主要改革方案，可以看出法国政府的措施与瑞典和英国政府的措施比较相似，不同之处在于法国政府延长了领到全额养老金的缴费年限，这也是增加养老金积累的一种方式。

表 2－5　法国养老保险制度主要改革方案

|  | 原制度 | 新制度 |
| --- | --- | --- |
| 保障水平 | 私立部门和公立部门都具有较高的保障水平 | 降低私立部门保障水平，后又降低公共部门保障水平 |
| 缴费年限 | 37.5 年 | 提高缴费年限到 40 年 |
| 储备金 | 无 | 建立养老储备基金，法国退休储备基金 |
| 补充保险 | 无 | 引入强制补充保险，资本积累型 |
| 延迟退休 | 60 岁 | 62 岁（获得全额养老金 67 岁） |
| 监管 |  | 2010 年成立了法国审慎监理局 |

目前法国建立的是三支柱的养老保险体制，包括基本养老金计划、强制性职业养老金计划和自愿养老金计划。其中，第一支柱主要采取现收现付模式，统一强制征收，集中管理，3/4 来自于雇员和雇主的强制性缴纳，1/4 来自于财政收入，可用于投资债券、权益类资产、不动产等。第二支柱职业养老年金是覆盖所有雇员和管理人员的补充养老金计划，没有政府干预，由雇主和公会自行协商和分摊，实行现收现付制。第三支柱是资本积累型养老金，包括由雇

主设立的集体退休储蓄计划和面向个人的大众退休计划。法国的养老金体制与其他国家的相比,第一支柱的基本保障性稍弱,雇主和雇员的缴纳负担较重,所以在改革时会遇到强烈的罢工抵制。

2.2.1.4 德国养老保险制度改革

德国的养老保险制度建立于1889年,卑斯麦政府通过的《养老、残废、死亡保险法》可以视为德国养老保险制度的起点。之后,1911年引入雇员养老金,1927年德国政府引入了遗属养老金。养老金体系建立的20年里发展良好,受第一次世界大战和第二次世界大战的影响,20世纪50年代德国的经济迅速发展解决了养老金的困境。但同样德国也无法逃避人口老龄化和经济危机的影响,因此从1992年开始采取了一系列的改革措施来缓解养老压力。

表2-6列出了德国养老保险制度改革的主要方案,由此可见,德国政府主要是通过延迟退休来缓解养老金压力的,在这一点上德国政府先后延迟了失业人口、长期缴纳保费的人群、妇女、残障人士的退休年龄,体现了循序渐进的特点。2005年德国大选后由基民盟与社民党组成的联合政府决定再次提高法定退休年龄,由原来的65岁逐步提高到68岁。同时德国政府明确提出了降低养老金工资替代率,这是降低保障水平的一种体现。

表2-6 德国养老保险制度主要改革方案

|  | 原制度 | 新制度 |
|---|---|---|
| 缴费水平 | 参照水平是毛工资 | 提高所得税率,参照水平是净工资 |
| 替代率 | 目前51% | 降低养老金工资替代率,2030年到43% |
| 个人养老金 |  | 引入新型个人储蓄型养老保险,即李斯特养老金,采取基金积累制,并提供税收优惠 |
| 延迟退休 | 女性60岁,男性63岁 | 65岁,并计划逐步提高到68岁 |
| 监管 |  | 建立不同部门监管 |

目前德国的养老保险体制由三个支柱构成，法定养老保险、企业养老保险和李斯特养老金。法定养老保险的缴费率是 19.9%，由雇主和雇员各付一半，实行现收现付模式，由自治管理机构管。第二支柱是企业提供给员工的额外养老保险，采取直接支付原则，职工在工作期间积累多少养老保险，退休后就能得到相应数额的养老金，保险形式主要有养老金承诺、直接保险、退休保险、养老基金和援助基金。李斯特养老金是基金积累制的自愿参加的个人储蓄型养老保险，由政府提供认证和监管，并提供相应补贴。

通过对国外养老保险制度改革的分析，可以得出的共同特点是：①福利国家在建立初期都提供了良好的社会保障制度，但到后期遇到人口老龄化和经济危机等问题时都出现了高福利陷阱。②在遇到人口老龄化问题和经济危机的时候都采取了相关改革制度来维持养老保险的可持续性，主要的措施体现为"一少三加"，即"减少支出、增加积累、增加收益和加强稳定"，例如降低福利待遇、提高缴费率、延长退休年龄、引入市场机制、严格监管等。③所有的改革并不能完全解决问题，改革的过程漫长而复杂，不能一蹴而就。

此外，通过表 2-7 可知，以上 4 个国家均在 1970 年左右感受到了养老危机，当时的人口老龄化比例（65 岁以上人口比例）均在 13% 左右，而开始采取比较明显或者激进的改革时，老龄化比例已经达到了 15% 左右。根据第六次人口普查数据，我国农村老龄人口比在 2010 年为 10.06%，预计在 2020 年也将达到 15.99%。所以农村社会养老保障的建设可谓是时间紧任务重。此外，从养老保障建立到改革的时间差来看，平均时间在 70 年左右，我国新农保虽然建立不久，但因其从属于我国社会保障大的整体范围内，从建立时间算基本接近 70 年。因此，无论是从老龄化程度看还是从保障制度建设进程来看，我国的社会保障制度到了改革的关键节点，而新农保"边建设边改革"情况又显得尤为特殊。

表 2 - 7　欧洲四国养老保险体制改革

| | 建立时间 | 困难时间 | 困难时间老龄比例（%） | 改革时间 | 时间差（年） | 老龄比例（%） |
|---|---|---|---|---|---|---|
| 瑞典 | 1931 年 | 1970 年 | 13.67 | 2001 年 | 70 | 17.21 |
| 英国 | 1909 年 | 1970 年 | 13.03 | 1980 年 | 71 | 14.95 |
| 法国 | 1946 年 | 1970 年 | 12.87 | 1993 年 | 47 | 14.70 |
| 德国 | 1891 年 | 1970 年 | 13.67 | 1992 年 | 101 | 15.01 |

资料来源：OECD, http://stats.oecd.org/#, Demography and Population – Population Statistics – Historical population data and projections (1950 – 2050).

　　目前我国农村社会养老保障还处于起步阶段，与以上四国的不同之处在于我们没有提供过高的福利保障，在可预见的范围内不会陷入高福利陷阱，所以也不能通过采取降低福利待遇来减少支出。但我们的困境在于未富先老，还没有来得及提高养老保障待遇，就已经遭遇了老龄化和新常态下的经济放缓增长，这让新农保建设更加困难。根据这国外的改革经验，我们可以总结出表 2 - 8 中的启示和建议。

表 2 - 8　养老保障制度改革启示

| | 欧洲四国改革 | 适用指数 | 我国新农保改革措施建议 |
|---|---|---|---|
| 减少支出 | 降低福利待遇 | * | 现阶段应提高基本福利待遇 |
| 增加积累 | 增加缴费 | ** | 可鼓励农民选择参与高档次的养老保险 |
| | 延迟退休 | * | 农民劳作时间已经很长，不需要再延长 |
| | 延长缴费年限 | ** | 可以适当延长缴费时间（目前是 15 年） |
| 增加收益 | 引入市场机制 | *** | 农村社会保障亟须引入市场机制增加收益 |
| 加强稳定 | 设立储备金 | *** | 为保稳妥，应当及早设立储备基金 |
| | 建立独立监管 | *** | 建议加强监管 |

　　我们可以借鉴的主要方式有：①进一步提高农村居民基本养老保障。国家现在已经为 60 岁以上农村居民提供了每人每月 55 元的基本保障，应当继续坚

持并提高该项保障。进一步健全养老保险精算体制，要在财政负担能力内尽可能地提供保障。②鼓励农村居民参与高档次养老保险，并适当延长缴费时间。③严格监管，为引入市场机制提供条件，通过市场机制提高养老金盈利。在这一点中，必须首先建立健全监管机制，以防止出现英国放开过快的养老金丑闻，同时大力推进商业保险建设，为养老基金注入活力。

农村社会养老保险制度作为现代社会保障体系的重要部分，随着工业化和城镇化的日益发展，越来越受到国内外广大专家和学者的广泛关注，研究文献已经达到汗牛充栋的程度。

从养老保险制度发展目标来看，世界银行认为养老金制度应提供一个充足、可负担、可持续且稳健的待遇水平，其中"充足性"是指养老保险制度所提供的退休收入的绝对水平（防止老年贫困）和相对水平（替代足够的终生收入），"可负担性"指的是个人和社会的融资能力，"可持续性"是指现在和将来养老计划所应具有的财务稳定性，"稳健性"是指在未来无法预知的条件和环境下，养老保险制度具有抵抗风险冲击，并保持制度可行性的能力。从而能够保障老年人的生活，并促进经济发展。在目标确立的基础上，以下来分析国外建立农村社会养老保险制度对我国的经验启示。

从城乡社会保障发展一体化来看，农村社会养老保险制度建设普遍滞后于城镇；有些发达国家则并没有专门针对农村居民而建立的社会保障制度，而是直接将其纳入全民公共的社会保障制度之中，发展中国家二元经济社会结构决定了其二元的社会保障制度结构，两种制度的整合取决于城市化进程、经济增长方式以及人口与经济、社会协调发展的程度等。值得吸取的历史教训是在城镇化快速发展的过程中，人口老龄化也是加速发展的重要时期。为了避免部分农村贫困人口又直接进入城市贫民窟，成为城市中的新贫民人口，要充分重视社会保障制度在解决城乡贫困人口尤其是城乡老龄化人口的重要作用。

从农村社会养老保险的责任分担和资金筹集方式来看，多数国家体现了个人、社会、国家对社会保障的责任分担，但是政府在其中有着不可推卸的责任；国外政府都不同程度地给予财政补贴，欧洲国家（如德国、法国、芬兰、奥地利、希腊和波兰）的国家财政补贴一般占养老保险资金的 70% 以上，但是也要注意政府补贴过高带来的较大的财政压力。

从农村养老保障模式来看，发展中国家的农村养老保障制度由缴费型养老保险与非缴费型养老金计划以及其他非正规保障制度所组成。不少发展中国家如巴西、智利、阿根廷、乌拉圭、印度等的农村养老保障制度由缴费型养老保险与非缴费型养老金计划以及其他非正规保障制度所组成。缴费型养老保险由于其缴费费率和待遇给付、形式等问题，运行良好的国家不多，但是非缴费型养老金切实降低了贫困率，提高了非正规部门及其他覆盖者的养老保障水平，扩大了中低收入国家社会保障覆盖面。同时要注意到在非正式行业就业的人群的养老问题，避免在城市化进程中造成的新贫民。

### 2.2.2 国内养老保险

国内的养老保险制度基于体制和二元结构原因主要分为城镇职工养老保险、机关事业单位养老保险和农村社会养老保险。其中城镇的养老保险制度开始于 1951 年，至今已经具有一定的体系和成熟度，在筹资渠道上形成了国家、企业和个人的多元化渠道，养老金计发办法和监管等都相对成熟（穆怀中，2006）。虽然存在一些制度不健全的问题，积累资金的运营在抵抗人口老龄化问题上也会显得力不从心，但整体而言发放及时且足额，制度在运行中逐步完善。

农村居民社会养老保险制度开始时间较晚，2009 年至今的试点实验和与城镇居民社会养老保险的合并，现今已经形成了一套相对独立的社会养老保障体系，对其他养老保障体制外的城乡居民进行了全覆盖保障，是我国社会保障历史上的重大进步。农村居民社会养老保险的建设和发展速度非常快，这与我国政府的重视和投入力度是密不可分的，但是政策推行过程中也遇到了一些问题，例如年轻人参保率不高、参保档次低、参保热情不高等。

对于参保意愿和参保档次的影响主要从三个方面进行了研究。第一，个人及家庭因素，包括个人特征、家庭人口结构、收入以及由于个人因素造成的对政策的不了解程度等。一些学者（姚俊，2010；郭瑜，2010；顾永红，2010；张朝华，2010；高真真，2010；王媛，2011；肖应钊等，2011；封铁英等，2012；鲁欢，2012；邓大松等，2014；吕学静等，2012；金刚等，2013；赵建国等，2013；李越等，2014；常芳等，2014；王良健等，2015）在农村居民基本养老保险实施的不同阶段针对不同人群和不同地区进行了研究，结果表明参保人员的参保意愿和选择的参保档次会受到一些个人及家庭的影响，如年龄、性别、文化程度、婚姻状况等因素对参保情况造成了不同程度的影响，结论也各有不同。例如高真真等（2010）以四川省城郊农民为对象研究发现年龄较大的农户参保意愿较强。张朝华（2010）认为户主受教育年限、家庭纯收入与参保意愿正相关，而家庭人口、土地面积、年龄和务农年限与参保意愿负相关，农户参保档次也受到了家庭人口、户主年龄和务农年限的负向影响，受到户均土地、户主文化、家庭收入的正向影响。肖应钊等（2011）认为影响农民参保意愿的主要因素有子女数量、期望养老方式、对新农保的评价等。这些研究大部分是从实地调研得出的结果，为农村居民基本养老保险的实施情况提供了有益而真实的参考。第二，从认知的角度进行分析，主要是指村民对政策的了解、认知及信任等方面。农村居民对农村社会养老保险政策的认知和了解程度对农村居民参保意愿产生了很大的影响，参保者对政策了解越多越清楚，参保的意愿就越大（高真真，2010；邓大松等，2014）。吴玉峰（2012）则对农村社会资本的影响做了大量细致深入的研究，并得出结论，农村社会资本分农民和村域两个层面，村民的互动和信任构成了农村的社会资本，而参保决策的信息收集过程会受到社会资本的影响，从而对参保决策产生影响。要提高农民对养老保险政策的认识，不仅要加强宣传，还与村民的社会资本有关，这些问题都不是一朝一夕能解决的。要求基层工作人员及时具体地掌握信息并有效引导对他们的知识量和工作量来说都是巨大的挑战，还要求整个村集体的环境提升更是一个长远建设的目标。第三，政策制度包括政策的保障程度、激励机制、收益情况、办理程序等。穆怀中（2012）认为政策了解程度、参保手续便捷、经办人员服务态度等因素对农民参保决策有正向影响，促进了农民参保。孙文基等（2012）具体地指出了农村居民对农村社会养老保险的收益情况认知不明确，对于缴纳多少保费会获得多少养老金的关系不清楚，导致选择了较低的参保档次。赵建国等（2013）从投资收益的角度对新农保的缴费补贴机制进行了研究，认为政府的补贴会对农民参保决策产生影响，但现有的补贴机制需要调整。王亚柯等（2013）对我国养老保障水平进行了评价，认为新农保的保障程度最低。

对于养老保险的保障程度评价，学者从不同角度采用不同方法进行研究，使用较多的是用替代率的方法从福利经济学的角度进行评价。福利经济学提出保障全体国民的生活最低标准的要求，其含义是对不同生活水平的居民提供不同的生活保障（蔡宏昭，2004），而不是对所有居民都划定统一的保障标准。因此，在制定养老保险的保障标准时，最低的保障线一般是以贫困线、最低生活保障作为基本养老生活水平的保障依据及下限（项洁雯，2015）。而对于较高生活水平的保障，则主要依赖个人的奋斗和努力，在达到一定经济发达程度之前，政府并没有保障高水平生活的义务和能力。

学者对不同养老保险制度的养老金替代率进行了测算。薛惠元等（2015）、郭瑜（2015）等学者对机关事业单位养老金改革后的目标替代率、平均替代率进行测算，认为改革后的替代率更具有弹性，改革后的职业年金更具有激励性和效率。王亚柯等（2013）比较了我国各种社会养老保障制度的交叉替代率水平，使用个人养老金与退休当年社会平均工资的比例，其中机关事业单位的替代率水平在90%以上，企业职工养老保险的替代率为50%左右，农村社会养老保障的替代率为10%左右；OECD国家中34个国家强制性养老金的替代率水平在57%以上，加上其他养老金的总替代率能达到64%以上。穆怀中（2013）、黄丽（2015）等学者对城乡居民社会养老保险的目标替代率进行研究，提出"保基本"的目标替代率为农村居民人均纯收入的50%，认为现行制度下的农村社会养老保险不能满足替代率要求，建议在2030~2035年达到目标替代率的水平，并且在2050年达到66%的替代水平。沈毅（2015）从生存公平的视角进行研究，设定了最低生存需要的下限和保障基本生活水平的给付上限，构建了适度水平模型，认为农村社会养老保险的给付水平应在每人每月208~445元。

对比国际水平来看，国际劳工组织的《社会保障最低标准公约》将养老金替代率设定为40%~55%，美国劳工统计局的"等值换算法"认为适当的替代率为其总收入的65%~70%。世界银行的建议是应该以个人的替代率为目标，整体的最低待遇水平设定没有太大意义（Robert Holzmann，Richard Hinz，2005）。我国城镇职工的替代率水平目标为35年缴费时间达到59.2%的目标替代率，其中，基础养老金替代率为35%，个人账户养老金替代率为24.2%。

要设定合理的替代率水平和目标，不仅要考虑一个国家的经济发展水平（褚福灵，2004），还要综合考虑社会因素、个人因素和发展因素等（王远伟，2003）。养老保险制度的最终目标是保障老年人的基本生活，农村的老年人与城市的老年人在养老需求上具有共同的要求，但他们年老后的收入能力更弱，选择更少，需要保障的程度更迫切，因此明确他们的需求是设定养老保障标准的重要参考指标。从养老金需求的角度进行研究，米红（2005）、孙博（2008）、薛惠元（2012）等运用消费支出结构模型测算消费者的基本生活需求和替代率水平，薛惠元对农村老人、中人和新人的替代率需求分别进行测算和比较，认为基础养老金12.81%的替代率水平不能满足农村居民的养老生活，同时也提出了尽量延长参保年限的建议。

### 2.2.3 文献评述

国内外学者对社会养老保障的研究和对我国农村社会养老保障的关注为社

会养老保障制度的研究提供了宝贵的方法和思路借鉴。但整体而言，由于我国情况特殊，农村社会养老保障是一个相对独立的养老保障体系并且建立时间不长，我国研究主要集中在城镇养老保险领域，对农村社会保障情况研究较少；大多从宏观角度和政府层面来研究农村社会保障的问题，从农户角度研究需求大多是从个人因素和社会资本两个角度，保障程度主要是从替代率角度进行的研究，对保障程度的定义也比较模糊，对养老保障提出具体的标准和界限也较少，这与目前的资料和数据的难以获得有很大的关系。

本书认为，个人家庭的影响因素和社会资本的影响都需要在长时间内调整和改善，例如个人的教育程度、对制度的信任等都需要在循序渐进中提高。当前能够影响到农民参保决策的重要因素并且能够在相对较短时间内做出调整的是制度本身的设计。首先应该研究农村居民的基本养老生活成本，然后估算现有保障是否能够满足足够的替代率，并且从收益的角度分析农民的实际获得利益。只有研究清楚参保居民的实际需求，才能根据需求提供供给并且改善供给。因此，要提供科学合理适度的农村社会养老保障必须从明确需求开始。

# 2.3 理论基础

## 2.3.1 养老保障建立理论

### 2.3.1.1 马克思主义的社会保障理论

马克思主义经典作家马克思、恩格斯和列宁都对社会保障进行了研究和阐述，明确指出了建立社会保障制度的必要性，认为社会保障的思想主要体现在社会产品的分配理论和再生产理论中。

恩格斯在《家庭、私有制和国家的起源》中提到生产包括生活资料和人类自身的生产和再生产。马克思指出这两种生产是相互作用的。一方面物质资料提供了人类生存和发展所必需的物质基础，使得人类的劳动力可以再生产，另一方面人类作用于物质上，更多地生产出物质资料。为了使得生产程序持续地进行下去，劳动力价值必须通过得到足够的物质消费品从而得到恢复。当劳动者可以生产物质资料的时候，劳动者可以得到及时充足的消费品，而当其丧失劳动能力的时候，为了满足自身的生活需求，就需要建立养老保障进行供给。马克思在《资本论》中指出固定资本会遭受各种意外损失，"因此，利润的一部分，即剩余价值的一部分，必须充当社会保障基金"。马克思在《哥达纲领批判》中提出的"六项扣除"理论指出，社会总产品中应当扣除"用于应付不幸事故、自然灾害等的后备基金或保险基金"。马克思的"六项扣除"理论中提到的社会保障是将国民财富进行了两次扣除，在满足了人民的最低生活需求和社会简单再生产之后才能进行扣除，也就是说首先要物质生产达到一定的水平才能建立社会保障制度。这正可以解释我国农村社会保障建立迟缓的原因。由于我国实行优先发展工业的政策，农业和农村物质生产水平低，农民的基本生活和再生产难以得到保障，所以没有余力建立社会保障。而在农村物质生产水平提高之后，并且开始工业反哺农业，城市反哺乡村，农村的社会保障才得以建立。

　　列宁的国家保险理论比马克思的社会保险理论更为具体。列宁认为雇佣工人领到的工资不足以应对发生意外及失业时的需求，因此"国家保险是最好的工人保险形式"，在保险费用筹资机制上提出"一切保险费都要由企业和国家负担"，并据此提出了国家保险的四项基本原则。列宁的国家保险理论完全免除了个人的保险责任，对劳动者和家属都进行了充分的保障，体现了社会主义的国家性质。

　　马克思主义及经典作家的社会保障理论明确提出了在社会主义制度下建立社会保障制度的必要性和社会保障基金的来源。社会保障基金是劳动创造的剩余产品中的一部分，来源于劳动所得的剩余价值。我国建立的农村社会养老保障制度正是马克思主义的社会保障理论与中国实践的一个具体实践，并且马克思主义的社会保障理论指出了要在保障基本生活和再生产的条件下才能扣除积累一定的保障基金，这也说明了养老保障基金用于保障老年人的基本生活需求（老年人不需要进行再生产），因此以农村老年人生活的基本需求作为养老保障的适度下限具有合理的理论基础。

### 2.3.1.2　民生理论

民生思想在我国传统文化里早已有之，《左传》中"民生在勤，勤则不匮"是"民生"一词的最早出处，当时狭义的定义为老百姓的生活，指的是基本的生存问题。"民贵君轻""水能载舟亦能覆舟""政之所兴，在于顺民生"等观点都体现出我国古代的民生思想和古代思想家、政治家对民生的重视。西方的人文主义更多地关注了人的生活需求和生活问题，马克思主义的思想家在辩证的思想体系中也体现了对民生思想的思考，促进了民生思想向科学和历史唯物主义方向的发展。近代孙中山先生提出的"三民主义"即表达了朴素的民生主义思想，并随着不断的完善体现在了社会的各个方面中。毛泽东思想中明确提出"全心全意为人民服务"，邓小平理论做了进一步的继承和发展，为解决民生问题提供最基本的保障，"社会主义制度优越性的根本表现，就是能够允许社会生产力以旧社会所没有的速度迅速发展，使人民不断增长的物质文化生活需要能够逐步得到满足。按照历史唯物主义的观点来讲，正确的政治领导的成果，归根结底要表现在社会生产力的发展上，人民物质文化生活的改善上"。

党的十八大以来，习近平总书记系列讲话中也多次阐述了民生思想，并将民生改善作为"中国梦"的最好诠释，提出了"人民幸福"的民生目标。由此可见，从古至今，无论是思想家还是执政者，都把改善民生放到了根本和至关重要的位置。民生不仅涉及人民的基本生活问题，更包涵了发展的需求，而社会保障是与人民生活发展密不可分的基石和后盾。社会保障体系的完善关系到人民生活福利和"幸福感""安全感"的提升，是改善民生的关键一环。

在全面建成小康社会之际，农村居民的养老保障问题才刚刚从"缺失"走向"就位"，远远达不到"完善"的水平，这将影响到我国农村居民的生存和生活发展，更影响到了全体居民的整体幸福感和社会主义和谐社会的建设。因此从民生理论的思想出发，加快完善农村社会养老保障制度是全面深化改革路径中的民生要求，也是保障人民基本利益、增进社会福利、改善分配制度和创建公平正义社会环境的有效途径。

### 2.3.1.3 生命周期理论

生命周期理论是美国经济学家弗朗克·莫迪利安尼提出的关于个人在生命不同阶段的消费配置的理论，引入储蓄概念的消费公式为：

$$C_t = aWR + bYL$$

其中，$C_t$ 表示消费额；$WR$ 表示实际财富，包括储蓄、固定资产等；$YL$ 表示工作收入；$a$ 和 $b$ 表示相关的消费倾向系数。

改进后的生命周期消费理论模型可表示为：

$$C_t = \alpha + \beta_1 Y_t + \beta_2 W_t + \mu_t$$

经过 Martin Feldstein（1974）加入社会保障变量的扩展后，生命周期模型可表示为：

$$C_t = \alpha + \beta_1 Y_t + \beta_2 W_t + \beta_3 SSW_t + \mu_t$$

其中，$C_t$ 表示居民的消费支出；$Y_t$ 表示居民的收入；$W_t$ 表示储蓄等个人财务存量，当期的存量是指上一期末的余量，比如上一年末的存款余额；$SSW_t$ 表示社会保障支出。

生命周期假说理论阐述了典型的劳动者在年轻和年老阶段会根据其不同收入水平和需求水平进行合理的消费和储蓄分配，有利于其对老年生活的保障。而农村居民对于理财和养老储备相对薄弱，更需要政府的合理引导和合理的政策设置。在农村开展社会养老保险的初期，应该注重对农民养老需求的精准把握，为农民设计科学合理的养老保险方式以满足其养老需求。

根据二元工农劳动福利差，穆怀中等（2015）提出了我国农村居民的养老保险生命周期补偿理论①，从社会整体发展的角度来看问题，早期的工业积累可以看作是社会发展的年轻阶段，应当在"工业反哺农业"的阶段返回给农村和农业，这是我国建立普惠制基础养老金的理论依据。在计划经济时期处于劳动年龄的农业人口大多都不具备自我养老储蓄的能力，现在这些人口已经或者逐步进入退休年龄，国家应该根据其对工业化进程的贡献提供养老补偿。穆怀中认为对二元农业福利差的补偿有两种方式，对农民工作期收入补偿和对农民老年消费补偿，其中对老年消费补偿不仅能够保证农民老年生活，还不会对工作期的储蓄和消费产生挤出效应。根据 1952 ~ 2011 年积累的二元农业福利差计算，补偿阶段为 1997 ~ 2055 年，2009 ~ 2055 年的补偿金额为 44.38 ~ 2762.60 元/人/月，农村社会养老保险制度制定之初的基础养老金待遇为 50 元/人/月，与补偿标准的 44.38 元/人/月比较接近，说明符合补偿理论。从当前到 2055 年，农村社会养老保险的基础养老金补偿将逐步提高，并且有很大的提升空间，当前已经提高到 70 元/人/月。

## 2.3.2 养老保障需求理论

### 2.3.2.1 马斯洛需求理论

美国心理学家马斯洛在《人类的动机理论》和《动机和人格》等著作中对需求层次理论进行了详细的阐述。马斯洛认为人的需求具有层次性，并且有一定的顺序，要满足最低层次的需求后再满足上一层次的需求，依次递增。人的行为具有一定的动机和目的性，动机的产生以需求为基础，所以需求是人的行为的根本动力。当人的某一层次的需求得到满足后，这一层次的需求产生的动力就会大大减弱。按照需求层次理论，人类的需求基本分为五个层次：第一是生理需求，即衣食住行这样的基本需求；第二是安全需求，包括人身安全和健康等；第三是情感和归属需求，即社交需求；第四是尊重的需求，要求获得

---

① 穆怀中，沈毅等.中国农村养老保险体系框架与适度水平 [M]. 北京：社会科学文献出版社，2015：20~32.

认可和地位；第五是自我实现的需求，包括实现理想和发挥能力。

根据马斯洛的需求理论，首先需要满足基本的生活需求，其次要满足安全的需求，这个安全的需求除了人身安全和健康，也包括生活稳定、未来的经济保障等。我国农村社会养老保障的目标是保障农村居民的老年生活，在五个需求层次中主要的目的是满足农村居民老年的基本生活，并为农村居民建立心理上的安全保障。但是当前的农村社会养老保障还不足以满足老年人的基本生活需求，所以也不能提供充足的未来经济保障。因此政府需要大力加强农村社会保障制度建设，从多方面提高保障水平，满足农村居民的基本需求。

### 2.3.2.2 需求理论

需求的经济学解释多用来说明消费者在厂商给定的商品价格条件下选择的购买数量[①]，包括消费者的主观需求和客观约束两方面（高亚钧，2006）。能够同时具有购买欲望和购买能力才称之为有效需求，如果仅具有购买欲望或者仅有支付能力都不能构成有效需求，但可以构成潜在的需求。对于农村社会保障而言，参保者作为农村社会养老保险的消费者，如果同时具有参保意愿和缴费能力即构成了对农村社会养老保险的有效需求。需求量会受到价格、偏好、收入和相关产品价格等的影响并随之发生变动。

对于农村社会养老保险而言，保费就是价格，保费的档次、高低及参保补贴都会影响到参保者的参保意愿。偏好体现在农村居民对农村社会养老保险的喜好程度上，由于农村居民对养老有着本能的需求，对养老保障具有渴望，因此对农村社会养老保险有很大的需求。收入主要是指农村居民的可支配收入或者纯收入，随着农村居民收入的提高，他们对农村社会养老保险的支付能力也逐步提高，有助于加强农村养老保障的个人参与力量。在相关产品方面主要是与储蓄、理财产品、商业保险等投资积累渠道进行比较，从中选择最合适的养老保障方式。

---

① 约瑟夫·E. 斯蒂格利茨. 经济学（第三版）[M]. 黄险峰，张帆译. 北京：中国人民大学出版社，2005：69.

### 2.3.3 养老保障完善理论

#### 2.3.3.1 公共服务均等化理论

公共服务均等化理论来源于公平正义理论。古希腊时期、古罗马时期的思想家提出了公平正义的基本思想雏形，如果柏拉图提出的"正义就是善"，古罗马提出的"法律就是公平正义"等。文艺复兴时期的空想社会主义对社会分配提出了"按劳分配""按需分配"的平等理念，倡导公平正义，建立以公有制为基础的社会制度。这是现代社会保障制度产生的基本思想来源和核心理念。

但是公平正义并不能完全达到。庇古等功利主义学派又提出了确保大多数人的利益，从效用方面衡量社会正义。约翰·罗尔斯也在《正义论》中提出"作为社会公平的正义"理论，认为应当安排使得最不获利者获得最大利益。罗尔斯的理论主要体现了博爱和善意的因素，重视"机会的公平"和"结果的公平"。

因此在公平正义的视角下，政府应该建立一种制度安排使得人民获得公平的教育、医疗、养老等公共服务。西方学者对于公共服务的研究是建立在公共产品理论基础上的。古典经济学时期，亚当·斯密等经济学家提出了公共产品理论的"搭便车"现象和政府提供最低公共服务等思想。萨缪尔森对公共产品和私人产品进行了区分，之后以布坎南为代表的公共选择学派提倡将政府财力平等运用于每一个平等的人。西方国家的学者（萨瓦斯，1978；沙安文，2005，2006；Monisilan，2006）力推财政均等化，通过财政转移支付使得各地区享受到的公共服务均等化。

但是在我国城乡二元化结构的情况下，公共服务并不能得到均等化。据此我国政府也在"十一五"规划中提出了"公共服务均等化"的目标，对我国的公共基础保障进行优化，推进均等化目标实现。我国农村社会养老保障是基本公共服务之一，但是与城镇职工养老保障存在较大的差距。根据公共服务均等化理论，我国政府还应当加大对农村社会养老保障的资金投入，尽快缩小城乡差距，实现公共服务的均等化。

### 2.3.3.2 生存公平与劳动公平理论

生存公平和劳动公平理论是从城乡经济资源分配公平的角度提出国民财富分配原则，是完善农村社会养老保障体系的基本指导思想和实施理念（穆怀中等，2015）。生存公平是每一个社会成员应该享有的基本权利。劳动公平是指社会成员由参加劳动和获得报酬的基本权利，这里包括平等的劳动机会和多劳多得的分配原则。

在养老保险领域，生存公平是指社会成员在年老时可以得到必要的救助和生存安排，可以老有所养、安享晚年；劳动公平是指基于工作期间的业绩积累和缴费在年老时获得相应的保障水平。生产公平主要体现在基础养老金的全覆盖和保基本的特点上，设计和改进目标是保障农村居民的基本生活水平并使其免受贫困，享受生存的基本权利。劳动公平体现在个人账户的设计上，旨在满足不同劳动者的不同消费需求，通过劳动阶段的贡献和缴费积累体现，设计和改进目标是建立有梯度有层次性的养老保险制度，使得参保者有动力参保。劳动公平标准还体现在根据人均收入水平来设定养老保险的适度水平上限，穆怀中等（2013）认为农村居民社会养老保险的上限为劳动收入的50%。

在城乡养老保险对接的过程中将面临一系列的问题和挑战，例如农村养老保险和城镇如何对接、待遇如何确定等，这就要以生存公平和劳动公平为基本依据对农村社会养老保险进行调整和折算，对不足之处根据城乡二元工农福利差进行补充。

### 2.3.3.3 城乡二元结构理论和统筹城乡发展理论

英国经济学家刘易斯于1954年在《劳动无限供给条件下的经济发展》一文中首先提出了农业经济体系和城市现代工业体系的"二元经济结构"，为区域经济学奠定了一定的理论基础。刘易斯认为发展中国家中存在由传统农业向现代工业社会转型的过程，经过费景汉和拉尼斯的修正后形成的刘易斯—费景汉—拉尼斯模型是二元经济结构的经典模型。在经历二元经济结构之后，社会经济将会进入稳定增长的阶段。

在城乡二元结构的情况下，工农部门的国民收入分配不均，导致了农业劳动收入长期低于非农业劳动收入的情况，由此产生了城乡二元福利差。穆怀中等根据 Johnson（1954）、张车伟等（2010）等的研究构建了二元农工福利差模型，认为中国的工农产业差距要大于发达国家，但工农二元福利差会随着经济的发展逐渐缩小，预计将于 2050 年基本实现城乡一体化。

科学发展观中提出的统筹城乡发展就是要逐步改变城乡二元结构，缩小城乡差距，实现城乡互动和协调发展。党的十六大提出，"统筹城乡经济社会发展，建设现代农业，发展农村经济，增加农民收入，是全面建设小康社会的重大任务"。统筹城乡发展是我国当前解决"三农"问题的重大战略决策和必要条件，其中一个重要的部分是统筹城乡社会保障。农村社会养老保障起步晚、基础差，要想全面建成小康社会和实现社会统筹协调，必须加快发展速度，加大发展力度，尤其是加大基础养老金部分的补助力度对农村居民进行补偿。

### 2.3.3.4 制度伦理理论

制度伦理理论包括制度和伦理两个范畴的关系和互动。"制度中心说"认为制度是最重要的，通过建设制度来强化伦理；"伦理中心说"认为要以伦理为参照依据，让制度为伦理服务、"互动说"是指制度和伦理的双向互动，有机统一。制度伦理理论是以公平正义为评价标准，保证社会制度层面的公平，保障大多数人的基本权利。

我国的"农业支持工业"发展战略和资源倾斜政策长期以来牺牲了农业和农民的利益，导致了社会分配的不公，加剧了城乡差距。这样的制度设计有其必要性，但是违背了公平正义的制度伦理要求，造成了城市和农村的不均衡发展并且导致了城乡二元的长期割裂。我国的"三农"问题究其根源是制度设计层面与公平正义的背离造成的。因此未来的制度设计必须有步骤地返回公平正义层面，弥补"三农"。对于农村社会养老保障体系的建设就必须要坚持公平正义的原则，首先对农村居民进行合理补偿，其次要设计对其真正有利的保障制度，最后还要保障制度与城市的对接和有序持续运行。

### 2.3.3.5 福利经济学理论

福利经济学和西方社会保障理论是以英国经济学家庇古的《福利经济学》为开始标志的，包括了旧的福利经济学和帕累托最优的新福利经济学。旧福利经济学的主要代表为庇古，以边际效用学说为基础为福利做了定义，认为国民收入和分配情况在很大程度上影响了国民的福利。一方面，国民收入越多，社会的福利水平就会越高，人民的满足感也越大；另一方面，国民收入分配的均等化也会影响人民的满足程度，这与我国古代"不患寡而患不均"的思想有异曲同工之妙。新福利经济学柏格森和萨缪尔森提出完善了社会福利函数，认为政策可以使得一部分人的福利变得更多而另一部分人的福利不受影响，从而实现帕累托改进。但是"阿罗不可能定理"对新福利经济学提出了质疑，阿马蒂亚·森的"非福利主义研究"和"社会选择理论"为福利经济学带来了新的发展，推动其向效用主义和基数效用理论的方向发展。

根据福利经济学理论，随着国民经济的发展，我国社会的整体福利水平逐步提高，但是由于分配的不均等使得农村居民的福利水平远远低于同期的城市居民，造成了福利差距。农村社会养老保障的建立体现了国民收入的公平分配和社会财富转移趋势。当前来看，城市的收入部分转移到了农村，造成了城市福利的下降，但是从总体上看，社会的总效用是增加的，并且城乡统筹发展可能会带来经济的进一步繁荣，从而促进城市福利的上升。

### 2.3.3.6 适度保障理论

农村养老保险的适度水平是养老金给付的理论依据，也是农村社会养老保险制度安排的主要依据，体现了生存公平和劳动公平的统一及农民劳动财富养老支出的合意份额[①]。农村养老保险适度水平以农民的生存需求及基本生活为

---

[①] 穆怀中，沈毅等．中国农村养老保险体系框架与适度水平［M］．北京：社会科学文献出版社，2015：20－32．

给付标准，体现为日常生活消费中对食品消费的需求，是人维持生存的最低要求，进一步的需求为衣食住行等多方面的综合需求。在宏观层面的适度水平模型中，农村老年人口养老金的目标替代率为50%，这是养老金与农村居民人均劳动收入的比例，是占全部收入的比例。郑功成（2008）、穆怀中（2015）认为50%的目标替代率刚好能满足农村居民的基本生活需求，而农村居民从土地等其他方面可以获得10%左右的替代率水平，加起来可以达到国际标准60%左右。其中基础养老金的目标替代率应为25%，个人账户的目标替代率也在25%。根据宏观农村养老保险适度水平模型测算，2000～2011年，基础养老金的适度下限替代率在36.28%～49.02%，整体替代率的适度下限在72.56%～98.04%；基础养老金的适度上限替代率在39.37%～66.12%，整体替代率的上限在78.73%～132.24%。根据微观农村养老保险适度模型测算，2000～2011年，农村居民养老金替代率的适度下限替代率为24.28%～26.74%，适度上限替代率为50%。适度保障理论认为我国农村养老金的给付可以先达到微观农村养老保险适度替代率下限，再达到微观上限，再逐步向宏观替代率适度水平靠近。

# 第3章　农村居民基本养老保险收入替代分析及比较

## 3.1　基础养老金和个人账户

### 3.1.1　基础养老金

养老保障体系的多层次性通常用多支柱来描述。世界银行将养老保障体系分为"三支柱"，第一支柱是公共养老金，第二支柱是职业养老金，第三支柱是个人储蓄计划。在2005年世界银行将"三支柱"的定义扩展为"五支柱"，增加了非缴费型的"零支柱"和非正规保障形式，使得养老保障体系的理念更为完整全面。其中"零支柱"是指达到一定年龄的社会成员均可定额领取的养老金，用以保障最低生活水平。"第一支柱"是由国家和政府强制缴纳的养老金，与个人的收入水平挂钩，由政府统一管理和发放。

农村居民基本养老保险的基础养老金账户兼具"零支柱"和"第一支柱"的特点。按照2009年新农保制度试点阶段规定，凡是年满60周岁的农村户籍老人，无论是否缴费，均可享受按月领取基础养老金的待遇，即为每人每月55元。后来发布的《国务院关于开展城镇居民社会养老保险试点的指导意见》（以下简称《指导意见》）中规定了补缴制度，对于距离领取年龄不足15年的农村居民规定允许按年缴费或者补缴。在新规定中，已经达到60周岁以上的农村居民可以直接领取，而未到年龄的居民必须通过缴费来获得领取资格。因此农村居民基本养老保险的基础养老金对于政策施行时60岁以上的老年人而言为"零支柱"，对60岁以下老年人为"第一支柱"。

按照《指导意见》中的规定，基础养老金的各项开支（包括补贴等）主要来源于中央财政和地方财政。中央财政对中西部地区的基础养老金给予全额补助，对东部地区给予50%的补助。在前期没有积累的情况下，农村居民基本养老保险制度给中央财政和地方政府造成了一定的财政压力。并且后期的持续也需要充裕的资金支持和良好的运营增值。

《指导意见》最初提出的基础养老金标准为55元（每人每月），地方政府根据各自情况可以适当提高待遇标准。按照民政部公告标准，2008年底全国平均低保标准人均82元/月。基础养老金的发放标准低于当时低保水平。2014年7月，基础养老金提高为70元（每人每月）；自2018年1月1日起，全国城乡居民基本养老保险基础养老金最低标准由70元（每人每月）提高至88元（每人每月）。2019年全国农村低保月人均标准为437元，基础养老金还是低于最低的低保水平。

按照规定，基础养老金=标准为55元（今后随国家政策调整）+缴费满15年后每多缴1年基础养老金增加1元，目前养老金的最低标准为88元（每人每月），如果从16岁起开始缴纳养老金，则参保人员在60岁以后可以获得至少每人每月70～115元的基础养老金。

### 3.1.2 个人账户

我国农村居民基本养老保险的个人账户采用完全积累制，个人缴费和补贴计入个人账户，进行统计管理和计息。相对于城镇职工养老保险的名义账户，农村居民社会养老保险的账户为"实账积累"，每一个账户实际计入的金额都是确定的并且一一对应。这样做的好处是将账户做实，避免造成空账运转，但是对基金的增值能力和管理运营能力要求较高，否则很难抵御通货膨胀的压力。当前的养老基金收益率仅为银行一年储蓄利率，养老金的增值潜力需要进一步挖掘。

根据养老金缴费和领取的相关规定，农村居民基本养老保险符合多缴多得、长缴多得的制度特点，各地政府对缴纳保费给予了不同程度的补贴，对选择高档次居民的补贴更多，有利于鼓励参保居民选择高档次和延长缴费时间。大部分地区为了鼓励参保，对最低档次 100 元档次也给予了每人 30 元的补助，地方政府的补贴计入个人账户，因此在个人缴费的同时，个人账户上将会有至少 30 元的固定收入。对重度残疾人等缴费困难群体，地方人民政府为其代缴部分或全部最低标准的养老保险费。

## 3.1.3　基金收支情况现状

根据财政部 2019 年全国社会保险基金收支决算情况可知，2019 年城乡居民基本养老保险基金收入 4149.44 亿元，其中缴费收入占 24.1%，财政补贴收入占 69.4%（2880.51 亿元），是社会保险基金中财政补贴占收入比例最高的项目。除了城乡居保和居民基本医疗保险基金之外，社会保险基金的其他项目主要收入都来源于保费收入，说明城乡居民社会保险制度的筹资方式尚需研究改进，否则将长久依靠财政并且随着老龄化进程而逐步加重负担。

从基金投资运营的角度来看，城乡居保基金的利息收入、委托投资收益贡献虽然占比不高，但纵向对比相对较好。说明城乡居保基金的账户比较充实，空账问题相对较小，这是城乡居保制度自身的独特优势，应当加以利用扩大投资增值。

表 3-1　2019 年全国社会保险基金收入决算情况　　单位：亿元,%

| 项　　目 | 决算数 | 财政补贴占收入比例 |
|---|---|---|
| 一、企业职工基本养老保险基金收入 | 38174.8 | |
| 　其中：保险费收入 | 30008.8 | 78.6 |
| 　　　　财政补贴收入 | 5587.76 | 14.6 |
| 　　　　利息收入 | 1149.45 | 3.0 |
| 　　　　委托投资收益 | 507.7 | 1.3 |
| 二、城乡居民基本养老保险基金收入 | 4149.44 | |
| 　其中：缴费收入 | 1000.17 | 24.1 |
| 　　　　财政补贴收入 | 2880.51 | 69.4 |
| 　　　　利息收入 | 189.13 | 4.6 |
| 　　　　委托投资收益 | 31.82 | 0.8 |
| 　　　　集体补助收入 | 9.1 | 0.2 |
| 三、机关事业单位基本养老保险基金收入 | 14456.3 | |
| 　其中：保险费收入 | 9506.18 | 65.8 |
| 　　　　财政补贴收入 | 4731.1 | 32.7 |
| 　　　　利息收入 | 51.83 | 0.4 |
| 　　　　委托投资收益 | | 0.0 |
| 四、职工基本医疗保险基金收入 | 15638.4 | |
| 　其中：保险费收入 | 14898.5 | 95.3 |
| 　　　　财政补贴收入 | 92.88 | 0.6 |
| 　　　　利息收入 | 517.1 | 3.3 |
| 五、居民基本医疗保险基金收入 | 8679.84 | |
| 　其中：缴费收入 | 2773.31 | 32.0 |
| 　　　　财政补贴收入 | 5796.24 | 66.8 |
| 　　　　利息收入 | 88.19 | 1.0 |
| 六、工伤保险基金收入 | 804.68 | 99.7 |
| 　其中：保险费收入 | 744.73 | 92.5 |
| 　　　　财政补贴收入 | 14.46 | 1.8 |
| 　　　　利息收入 | 40.35 | 5.0 |
| 七、失业保险基金收入 | 1248.77 | |

续表

| 项　　　目 | 决算数 | 财政补贴<br>占收入比例 |
|---|---|---|
| 其中：保险费收入 | 1059.88 | 84.9 |
| 财政补贴收入 | 0.17 | 0.0 |
| 利息收入 | 173.3 | 13.9 |
| 全国社会保险基金收入合计 | 83152.1 | |
| 其中：保险费收入 | 59991.5 | 72.1 |
| 财政补贴收入 | 19103.1 | 23.0 |
| 利息收入 | 2209.35 | 2.7 |
| 委托投资收益 | 539.52 | 0.6 |

资料来源：财政部 2019 年全国社会保险基金收入决算表和本书计算。

表 3 - 2　2019 年全国社会保险基金支出决算情况　　　单位：亿元

| 项　　　目 | 决算数 |
|---|---|
| 一、企业职工基本养老保险基金支出 | 34719.77 |
| 其中：基本养老金支出 | 33190.08 |
| 医疗补助金支出 | 11.63 |
| 丧葬抚恤补助支出 | 805.83 |
| 二、城乡居民基本养老保险基金支出 | 3148.31 |
| 其中：基础养老金支出 | 2748.34 |
| 个人账户养老金支出 | 327.16 |
| 丧葬抚恤补助支出 | 41.86 |
| 三、机关事业单位基本养老保险基金支出 | 14026.89 |
| 其中：基本养老金支出 | 13872.49 |

资料来源：财政部 2019 年全国社会保险基金支出决算表。

　　表 3 - 2 显示了 2019 年全国社会保险基金的部分支出情况，城乡居保基金支出 3148.31 亿元，其中基础养老基金支出 2748.24 亿元，占支出的 87.3%，说明城乡居保基金的主要支出用于支付基础养老金。按照《国务院关于建立统一的城乡居民基本养老保险制度的意见》对城乡居保的制度规定，基础养

老金的各项开支（包括补贴等）主要来源于中央财政和地方财政，中央财政对中西部地区的基础养老金给予全额补助，对东部地区给予50%的补助。结合表3-1可知，财政补贴的额度与基础养老金支出额度基本持平，符合制度规定。但是，从制度的可持续性角度考虑，基础养老金的制度将长期成为财政的固定支出项目，并且支出额度可能随着人口老龄化进程逐年增长，对此项支出的预测和控制应当引起重视。

从个人账户的收支角度来看，2019年全国城乡居保基金个人账户有较大结余，说明城乡居保制度的缴费型部分可以实现当前的"收支有结余"。但是该项制度为终生领取制，并且可以继承账户余额，长期来看个人账户基金并不平衡，应当注意测算和关注，适当引导居民参保，以免给财政造成更大的压力。

# 3.2　基础养老金替代率

根据上文中的分析，养老金替代率的分类有几种，一般采用平均替代率。但是王晓军（2013）指出平均替代率是针对个体的替代率，而不是整体的平均，采用平均替代率可能会造成误差，建议采用中位替代率，即为工资和养老金的中位数。王晓军（2013）估计的2000～2011年城镇居民养老金的替代率在50%以上，高于平均替代率7%～11%。但该数据是针对城镇居民养老金做的分析，并没有对农村居民基本养老保险的数据进行验证。

因此，本书将分别对农村居民基本养老保险的平均替代率和中位替代率进行测算。本书将分宏观、中观和微观三个层次进行测算，对于宏观数据，采用统计年鉴数据，鉴于统计年鉴的数据无法得到中位数，只计算平均替代率，对于中观数据（来自于CHIPS的全国调研数据）和微观数据，可以得到农民收入和养老金的中位数。由于农村居民基本养老保险的实施时间不长，个人账户积累的效果未能明显体现，同一地区的养老金收入可视为基本相同，只在不同地区有区别。养老金数据取平均值，对农民收入数据取中位数。

我国农村基本社会养老保险制度开始时间并不长，之前的老农保阶段由于各地开展情况政策不同不计算在内，从新农保制度试点的 2009 年开始计算。基础养老金平均替代率的基本公式如下：

$$\rho_B = \frac{P_t}{y_{t-1}} \tag{3-1}$$

其中，$\rho_B$ 表示基础养老金的替代率，$P_t$ 表示 $t$ 年的基础养老金，$y_{t-1}$ 表示 $t-1$ 年参保居民的人均纯收入或中位数。此处沿用项洁雯（2015）的做法，用农民人均收入代替社会平均工资的指标来计算替代率。这里对平均替代率的计算也可以视为收入替代率。但是，需要明确的一点是，社会平均工资指的是在业者的人均工资收入，不包括退休老年人的收入，而此处农村居民人均收入是所有农村居民的收入平均值，包括了农村老年人的收入，所以这里的农村居民人均收入要比农村劳动力的平均收入略低，那么得出的替代率数据也就相对略高。因此，本书的计算中将农村居民的养老金替代率定义为养老金对农村居民整体平均收入的替代情况。

### 3.2.1　全国基础养老金替代率测算——宏观层面

#### 3.2.1.1　基础养老金替代率

根据 2009 年《国务院关于开展新型农村社会养老保险试点的指导意见》对新农保制度试点阶段规定，凡是年满 60 周岁的农村户籍老人，无论是否缴费，均可享受按月领取基础养老金的待遇，即为每人每月 55 元。根据《两部门关于 2018 年提高全国城乡居民基本养老保险基础养老金最低标准的通知》规定，自 2018 年 1 月 1 日起，全国城乡居民基本养老保险基础养老金最低标准由每人每月 70 元提高至每人每月 88 元。

按照中央财政确定的最低基础养老金计算，我国农村居民的基础养老金替代率可得出表3-3，从新型农村居民基本社会养老保险制度开始到城乡居民社会养老保险阶段，我国农村居民的基础养老金替代率不断下降，在2015年对基础养老金进行调整后有小幅上升，之后逐年下降，到2018年调整后继续维持在7%以上。可见政策目标是将基础养老金的替代率维持在7%以上。

表3-3 基础养老金替代率

| 年份 | 基础养老金<br>（元） | 上一年收入（元） | 替代率（%） |
|---|---|---|---|
| 2009 | 660 | 4760.62 | 13.86 |
| 2010 | 660 | 5153.17 | 12.81 |
| 2011 | 660 | 5919.01 | 11.15 |
| 2012 | 660 | 6977.29 | 9.46 |
| 2013 | 660 | 7916.58 | 8.34 |
| 2014 | 750 | 9429.60 | 7.95 |
| 2015 | 840 | 10488.90 | 8.01 |
| 2016 | 840 | 11421.70 | 7.35 |
| 2017 | 840 | 12363.40 | 6.79 |
| 2018 | 1056 | 13432.40 | 7.86 |
| 2019 | 1056 | 14617.00 | 7.22 |
| 2020 | 1056 | 16020.70 | 6.59 |

注：根据《中国统计年鉴》解释，农村居民人均纯收入＝（农村居民家庭总收入－家庭经营费用支出－税费支出－生产性固定资产折旧－赠送农村内部亲友）/农村居民家庭常住人口；农村常住居民人均可支配收入＝（农村居民总收入－家庭经营费用支出－生产性固定资产折旧－税费支出－财产性支出－转移性支出）/家庭常住人口。按照解释，可支配收入应该要比纯收入略小，但2015年统计年鉴中的2013年可支配收入要比2014年统计年鉴中的2013年纯收入大。此处应为统计口径改变的问题，对本书研究的问题影响不大。

资料来源：《中国统计年鉴》（2009～2019），2008～2012年使用农村居民人均纯收入，2013～2019年使用农村居民人均可支配收入。下文中也同样使用数据。2014年7月1日提高了基础养老金，因此2014年的基础养老金取660元和840元的平均数。

3.2.1.2　分地区基础养老金替代率

按照东部、中部、西部和东北地区测算的基础养老金替代率如表 3 - 4 所示。

表 3 - 4　分地区的基础养老金替代率　　　　单位:%

| 年份 | 东部地区 | 中部地区 | 西部地区 | 东北地区 | 全国 |
|---|---|---|---|---|---|
| 2009 | 10.00 | 14.82 | 18.76 | 12.94 | 13.86 |
| 2010 | 9.22 | 13.77 | 17.29 | 12.10 | 12.81 |
| 2011 | 8.11 | 11.98 | 14.94 | 10.26 | 11.15 |
| 2012 | 6.89 | 10.11 | 12.58 | 8.47 | 9.46 |
| 2013 | 6.10 | 8.88 | 10.95 | 7.46 | 8.34 |
| 2014 | 5.71 | 7.49 | 9.04 | 6.90 | 7.95 |
| 2015 | 6.39 | 8.39 | 10.13 | 7.80 | 8.01 |
| 2016 | 5.88 | 7.69 | 9.24 | 7.31 | 7.35 |
| 2017 | 5.42 | 7.12 | 8.47 | 6.84 | 6.79 |
| 2018 | 6.28 | 8.25 | 9.75 | 8.05 | 7.86 |
| 2019 | 5.78 | 7.57 | 8.93 | 7.50 | 7.22 |
| 2020 | 5.28 | 6.91 | 8.10 | 6.88 | 6.59 |

资料来源：本书测算。

由全国统一基础养老金测算结果可知，2009～2019 年东部地区的基础养老金替代率相对于其他地区最低；东北地区和中部地区的替代率居于中间，东北地区的替代率最接近全国替代率，替代率最高的地区是西部地区。在基础养老金未进行调整之前，各地区的基础养老金替代率呈现出逐年下降的趋势，每次在调整之后小幅上升，之后继续下降。

与全国基础养老金替代率相比可知，东部地区是唯一替代率一直低于全国替代率的地区，而西部地区是唯一替代率一直高于全国替代率的地区，这是由于人均收入水平造成的；东北地区在 2017 年以前替代率也低于全国替代率，但 2016 年以后替代率高于全国替代率，说明东北地区的平均收入开始低于全国平均收入。对于东部地区而言，提高基础养老金更多是为了提高人民生活水平，而对于东部地区和中西部地区是更侧重于保障基本生活。

3.2.1.3 分收入等级基础养老金替代率

按收入等级测算的农村居民基础养老金替代率如表3-5所示：

表3-5 按收入等级测算的农村居民基础养老金替代率    单位:%

| 年份 | 低收入户<br>（20%） | 中等偏下户<br>（20%） | 中等收入户<br>（20%） | 中等偏上户<br>（20%） | 高收入户<br>（20%） | 全国 |
|---|---|---|---|---|---|---|
| 2009 | 44.01 | 22.49 | 15.70 | 11.13 | 5.85 | 13.86 |
| 2010 | 42.60 | 21.22 | 14.66 | 10.20 | 5.36 | 12.81 |
| 2011 | 35.30 | 18.23 | 12.64 | 8.87 | 4.70 | 11.15 |
| 2012 | 32.99 | 15.51 | 10.63 | 7.42 | 3.93 | 9.46 |
| 2013 | 28.49 | 13.73 | 9.37 | 6.51 | 3.47 | 8.34 |
| 2014 | 26.06 | 12.57 | 8.89 | 6.35 | 3.52 | 7.95 |
| 2015 | 30.35 | 12.72 | 8.84 | 6.25 | 3.51 | 8.01 |
| 2016 | 27.22 | 11.63 | 8.15 | 5.78 | 3.23 | 7.35 |
| 2017 | 27.94 | 10.73 | 7.53 | 5.34 | 2.95 | 6.79 |
| 2018 | 31.98 | 12.65 | 8.82 | 6.23 | 3.37 | 7.86 |
| 2019 | 28.80 | 12.41 | 8.43 | 5.85 | 3.10 | 7.22 |
| 2020 | 24.77 | 10.83 | 7.55 | 5.35 | 2.93 | 6.59 |

资料来源：本书测算。

基础养老金对不同收入等级的参保者作用明显不同，虽然整体趋势为下降，但到2016年基础养老金对低收入户的替代率仍然达到了27.22%，说明基础养老金对低收入户的收入替代作用显著，已经高于城镇职工基础养老金替代率20%的替代标准。虽然基础养老金对高收入户的收入替代率较低，但这正体现了基础养老金"保基本"的特点，是对低收入群体和地区的基本生活保障，而高收入群体可以通过其他方式进行养老保障。

### 3.2.2　全国各地区基础养老金替代率测算——宏观层面

在实际中，各个省份的补贴各不相同而且有很大差异，尤其是东部发达地区的政府补贴要远大于其他地区，以北京地区为例，根据《北京市城乡居民养老保险办法实施细则》，北京地区 2009 年的基础养老金标准为 280 元每人每月，全年为 3360 元，远高于中央统一标准 660 元，但是北京地区的人均纯收入也远远高于其他地区，所以基础养老金的替代率不一定会高于其他地区。这就需要对全国各地区的基础养老金和替代率进行测算，结果如表 3－6 所示。

表 3－6　2020 年我国农村居民基本养老保险基础养老金中位数和平均替代率

| | 替代率（%） | | 基础养老金（元） | |
| --- | --- | --- | --- | --- |
| 中位数 | 内蒙古（西部） | 10.05 | 广西（西部） | 1392 |
| | 陕西（西部） | 10.03 | 重庆（西部） | 1380 |
| 平均值 | | 13.31 | | 2220 |

从表 3－7 中可以看出：

（1）全国大部分地区基础养老金金额多少和基础养老金替代率高低成正比，基础养老金较多的地区大部分也有比较高的替代率。

（2）从全国来看，替代率达到 10% 以上的有 19 个地区，大部分时间超过 10% 的有 16 个地区，说明全国一半的地区基础养老金替代率在 10% 以上，其中唯一的中部省份是山西。替代率达到 15% 以上的有 4 个地区，分别为上海、北京、青海和西藏，分别位于东部和西部地区。替代率最高的前两位地区是上海和北京，2020 年替代率和基础养老金分别为 39.76%、13200 元每人每年和 34.01%、9840 元每人每年。其中上海地区 2020 年城乡居保的基础养老金为 1100 元每人每月，比全国城乡居保基础养老金一年的待遇 1056 元还要高。上海和北京通过不断提高基础养老金待遇维持了基础养老金的高替代率。全国替代率最低的是浙江省，为 6.23%，但浙江省的基础养老金为 1860 元每人每年，排名第十位，这说明浙江省的农村居民人均收入较高，基础养老金尚需进一步提高。

（3）从基础养老金替代率来看，2020年全国各地区只有浙江略低于按照最低标准1056元和全国农村居民人均收入计算出的基础替代率，所有地区的最低标准都高于全国最低标准。这说明所有地区都适当提高了基础养老金的待遇，实际的替代率会高于以全国标准计算的基础养老金替代率6.59%。

（4）按照平均值和中位数来看，2020年我国农村居民社会养老保险的基础养老金为1380~2220元（每人每年），替代率为10.52%~13.31%。这是一个相对合理的参考指标。

（5）按照东中西和东北地区分类进行分析：

东部9个地区2020年基础养老金和替代率排名前三位的为上海、北京和天津，替代率都在14%以上（分别为39.76%、34.01%和14.85%）。浙江省的基础养老金在2017年还能排在第4位，但调整幅度和频率都相对较慢，到2020年就下降到了第6位。但这只是浙江省的最低基础养老金，以杭州为代表的地方城市基础养老金都远远高于这个数字，例如杭州市区2020年的基础养老金已经达到了2640元。河北省虽然基础养老金只有1296元（每人每年），但替代率也达到了8.43%。从平均情况来看，2020年东部地区基础养老金平均值为4187元（每人每年），替代率为17.86%；按中位数来看，2020年东部地区基础养老金平均值为2100元（每人每年），替代率为11.16%，都要高于表3-4中的平均值5.28%，同时也说明东部地区的基础养老金和替代率差别较大。主要是上海、北京和天津三地拉高了东部地区的平均值。相对而言，河北省在基础养老金方面与中西部地区的差异性更小。

中部6个地区2020年基础养老金和替代率比较均衡，安徽为1260元（每人每年），山西、河南、湖南、湖北基础养老金都为1236元（每人每年），江西为1200元（每人每年），绝对数差异不过百。替代率在7.54%~9.58%，山西省的替代率为中部最高。从平均情况来看，2020年中部地区基础养老金

表3-7 2012~2020年全国各地区农村居民基本养老保险基础养老金替代率

农村居民人均可支配收入（元）

| | 地区 | 2012年 | 2013年 | 2014年 | 2015年 | 2016年 | 2017年 | 2018年 | 2019年 |
|---|---|---|---|---|---|---|---|---|---|
| 全国 | 全国 | 7916.6 | 9429.6 | 10488.9 | 11421.7 | 12363.4 | 13432.4 | 14617.0 | 16020.7 |
| | 平均值 | 8495.3 | 9810.6 | 10904.3 | 11876.8 | 12877.7 | 13999.6 | 15228.2 | 16678.2 |
| 东部 | 上海 | 17803.7 | 19208.3 | 21191.6 | 23205.2 | 25520.4 | 27825.0 | 30374.7 | 33195.2 |
| | 北京 | 16475.7 | 17101.2 | 18867.3 | 20568.7 | 22309.5 | 24240.5 | 26490.3 | 28928.4 |
| | 天津 | 14025.5 | 15352.6 | 17014.2 | 18481.6 | 20075.6 | 21753.7 | 23065.2 | 24804.1 |
| | 浙江 | 14551.9 | 17493.9 | 19373.3 | 21125.0 | 22866.1 | 24955.8 | 27302.4 | 29875.8 |
| | 江苏 | 12202.0 | 13521.3 | 14958.4 | 16256.7 | 17605.6 | 19158.0 | 20845.1 | 22675.4 |
| | 广东 | 10542.8 | 11067.6 | 12245.6 | 13360.4 | 14512.2 | 15779.7 | 17167.7 | 18818.4 |
| | 福建 | 9967.2 | 11404.9 | 12650.2 | 13792.7 | 14999.2 | 16334.8 | 17821.2 | 19568.4 |
| | 山东 | 9446.5 | 10686.9 | 11882.3 | 12930.4 | 13954.1 | 15117.5 | 16297.0 | 17775.5 |
| | 河北 | 8081.4 | 9187.7 | 10186.1 | 11050.5 | 11919.4 | 12880.9 | 14030.9 | 15373.1 |
| | 平均值 | 11773.5 | 13115.0 | 14523.3 | 15824.5 | 18195.8 | 19782.9 | 21488.3 | 23446.0 |
| 中部 | 山西 | 6356.6 | 7949.5 | 8809.4 | 9453.9 | 10082.5 | 10787.5 | 11750.0 | 12902.4 |
| | 江西 | 7829.4 | 9088.8 | 10116.6 | 11139.1 | 12137.7 | 13241.8 | 14459.9 | 15796.3 |
| | 河南 | 7524.9 | 8969.1 | 9966.1 | 10852.9 | 11696.7 | 12719.2 | 13830.7 | 15163.7 |
| | 湖南 | 7440.2 | 9028.6 | 10060.2 | 10992.6 | 11930.4 | 12935.8 | 14092.5 | 15394.8 |
| | 安徽 | 7160.5 | 8850.0 | 9916.4 | 10820.7 | 11720.5 | 12758.2 | 13996.0 | 15416.0 |
| | 湖北 | 7851.7 | 9691.8 | 10849.1 | 11843.9 | 12725.0 | 13812.1 | 14977.8 | 16390.9 |
| | 平均值 | 7360.6 | 8929.6 | 9953.0 | 10850.5 | 11715.5 | 12709.1 | 13851.2 | 15177.3 |

续表

农村居民人均可支配收入（元）

| 地　区 | | 2012年 | 2013年 | 2014年 | 2015年 | 2016年 | 2017年 | 2018年 | 2019年 |
|---|---|---|---|---|---|---|---|---|---|
| 西部 | 西藏 | 5719.4 | 6553.4 | 7359.2 | 8243.7 | 9093.8 | 10330.2 | 11449.8 | 12951.0 |
| | 海南 | 7408.0 | 8801.7 | 9912.6 | 10857.6 | 11842.9 | 12901.8 | 13988.9 | 15113.1 |
| | 青海 | 5364.4 | 6461.6 | 7282.7 | 7933.4 | 8664.4 | 9462.3 | 10393.3 | 11499.4 |
| | 新疆 | 6393.7 | 7846.6 | 8723.8 | 9425.1 | 10183.2 | 11045.3 | 11974.5 | 13121.7 |
| | 宁夏 | 6180.3 | 7598.7 | 8410.0 | 9118.7 | 9851.6 | 10737.6 | 11707.6 | 12858.4 |
| | 重庆 | 7383.3 | 8492.6 | 9489.8 | 10504.7 | 11548.8 | 12637.9 | 13781.2 | 15133.3 |
| | 内蒙古 | 7611.3 | 8984.9 | 9976.3 | 10775.9 | 11609.0 | 12584.3 | 13802.6 | 15282.8 |
| | 广　西 | 6007.6 | 7793.1 | 8683.2 | 9466.6 | 10359.5 | 11325.5 | 12434.8 | 13675.7 |
| | 甘　肃 | 4506.7 | 5588.8 | 6276.6 | 6936.2 | 7456.9 | 8076.1 | 8804.1 | 9628.9 |
| | 四　川 | 7001.4 | 8380.7 | 9347.7 | 10247.4 | 11203.1 | 12226.9 | 13331.4 | 14670.1 |
| | 云　南 | 5416.5 | 6723.6 | 7456.1 | 8242.1 | 9019.8 | 9862.2 | 10767.9 | 11902.4 |
| | 陕　西 | 5762.5 | 7092.2 | 7932.2 | 8688.9 | 9396.4 | 10264.5 | 11212.8 | 12325.7 |
| | 贵　州 | 4753.0 | 5897.8 | 6671.2 | 7386.9 | 8090.3 | 8869.1 | 9716.1 | 10756.3 |
| | 平均值 | 6116.0 | 7401.2 | 8270.9 | 9063.6 | 9870.7 | 10794.1 | 11797.3 | 12993.7 |
| 东北部 | 辽　宁 | 9383.7 | 10161.2 | 11191.5 | 12056.9 | 12880.7 | 13746.8 | 14656.3 | 16108.3 |
| | 吉　林 | 8598.2 | 9780.7 | 10780.1 | 11326.2 | 12122.9 | 12950.4 | 13748.2 | 14936.0 |
| | 黑龙江 | 8603.9 | 9369.0 | 10453.2 | 11095.2 | 11831.9 | 12664.8 | 13803.7 | 14982.1 |
| | 平均值 | 8861.9 | 9770.3 | 10808.3 | 11492.8 | 12278.5 | 13120.7 | 14069.4 | 15342.2 |

续表

| 区域 | 地区 | 基础养老金（元） | | | | | | | | 基础养老金替代率（%） | | | | | | | |
|---|---|---|---|---|---|---|---|---|---|---|---|---|---|---|---|---|---|
| | | 2013年 | 2014年 | 2015年 | 2016年 | 2017年 | 2018年 | 2019年 | 2020年 | 2013年 | 2014年 | 2015年 | 2016年 | 2017年 | 2018年 | 2019年 | 2020年 |
| 全国 | 全国 | 660 | 750 | 840 | 840 | 840 | 1056 | 1056 | 1056 | 8.34 | 7.95 | 8.01 | 7.35 | 6.79 | 7.86 | 7.22 | 6.59 |
| | 平均值 | 1095 | 1251 | 1503 | 1599 | 1727 | 2012 | 2125 | 2220 | 12.88 | 12.75 | 13.78 | 13.46 | 13.41 | 14.37 | 13.95 | 13.31 |
| 东部 | 上海 | 5280 | 6480 | 7740 | 9000 | 9800 | 10840 | 11800 | 13200 | 29.66 | 33.74 | 36.52 | 38.78 | 38.40 | 38.96 | 38.85 | 39.76 |
| | 北京 | 3360 | 3360 | 5640 | 6120 | 7320 | 8460 | 9600 | 9840 | 20.39 | 19.65 | 29.89 | 29.75 | 32.81 | 34.90 | 36.24 | 34.01 |
| | 天津 | 2400 | 2820 | 2940 | 3132 | 3324 | 3540 | 3684 | 3684 | 17.11 | 18.37 | 17.28 | 16.95 | 16.56 | 16.27 | 15.97 | 14.85 |
| | 浙江 | 960 | 1200 | 1440 | 1440 | 1620 | 1860 | 1860 | 1860 | 6.60 | 6.86 | 7.43 | 6.82 | 7.08 | 7.45 | 6.81 | 6.23 |
| | 江苏 | 960 | 960 | 1260 | 1380 | 1500 | 1620 | 1776 | 1920 | 7.87 | 7.10 | 8.42 | 8.49 | 8.52 | 8.46 | 8.52 | 8.47 |
| | 广东 | 780 | 960 | 1170 | 1320 | 1440 | 1776 | 2040 | 2100 | 7.40 | 8.67 | 9.55 | 9.88 | 9.92 | 11.25 | 11.88 | 11.16 |
| | 福建 | 660 | 840 | 1020 | 1110 | 1200 | 1416 | 1476 | 1518 | 6.62 | 7.37 | 8.06 | 8.05 | 8.00 | 8.67 | 8.28 | 7.76 |
| | 山东 | 720 | 840 | 1020 | 1110 | 1200 | 1416 | 1416 | 2268 | 7.62 | 7.86 | 8.58 | 8.58 | 8.60 | 9.37 | 8.69 | 12.76 |
| | 河北 | 660 | 840 | 900 | 960 | 1080 | 1296 | 1296 | 1296 | 8.17 | 9.14 | 8.84 | 8.69 | 9.06 | 10.06 | 9.24 | 8.43 |
| | 平均值 | 1753 | 2033 | 2570 | 2841 | 3165 | 3580 | 3883 | 4187 | 14.89 | 15.50 | 17.70 | 17.96 | 17.39 | 18.10 | 18.07 | 17.86 |
| 中部 | 山西 | 780 | 870 | 960 | 960 | 960 | 1056 | 1236 | 1236 | 12.27 | 10.94 | 10.90 | 10.15 | 9.52 | 9.79 | 10.52 | 9.58 |
| | 江西 | 660 | 750 | 960 | 960 | 960 | 1200 | 1200 | 1200 | 8.43 | 8.25 | 9.49 | 8.62 | 7.91 | 9.06 | 8.30 | 7.60 |
| | 河南 | 660 | 750 | 900 | 960 | 960 | 1176 | 1236 | 1236 | 8.77 | 8.36 | 9.03 | 8.85 | 8.21 | 9.25 | 8.94 | 8.15 |
| | 湖南 | 720 | 810 | 900 | 960 | 960 | 1236 | 1236 | 1236 | 9.68 | 8.97 | 8.95 | 8.73 | 8.05 | 9.55 | 8.77 | 8.03 |
| | 安徽 | 660 | 750 | 840 | 840 | 840 | 1044 | 1260 | 1260 | 9.22 | 8.47 | 8.47 | 7.76 | 7.17 | 8.18 | 9.00 | 8.17 |
| | 湖北 | 660 | 750 | 840 | 840 | 960 | 1236 | 1236 | 1236 | 8.41 | 7.74 | 7.74 | 7.09 | 7.54 | 8.95 | 8.25 | 7.54 |
| | 平均值 | 690 | 780 | 900 | 920 | 940 | 1158 | 1234 | 1234 | 9.37 | 8.73 | 9.04 | 8.48 | 8.02 | 9.11 | 8.91 | 8.13 |

续表

| 地区 | | 基础养老金（元） | | | | | | | | 基础养老金替代率（%） | | | | | | | |
|---|---|---|---|---|---|---|---|---|---|---|---|---|---|---|---|---|---|
| | | 2013年 | 2014年 | 2015年 | 2016年 | 2017年 | 2018年 | 2019年 | 2020年 | 2013年 | 2014年 | 2015年 | 2016年 | 2017年 | 2018年 | 2019年 | 2020年 |
| 西部 | 西藏 | 1440 | 1560 | 1680 | 1800 | 1800 | 2040 | 2160 | 2160 | 25.18 | 23.80 | 22.83 | 21.83 | 19.79 | 19.75 | 18.86 | 16.68 |
| | 海南 | 1110 | 1290 | 1740 | 1740 | 1740 | 1920 | 1920 | 1920 | 14.98 | 14.66 | 17.55 | 16.03 | 14.69 | 14.88 | 13.73 | 12.70 |
| | 青海 | 1020 | 1320 | 1500 | 1680 | 1860 | 2100 | 2100 | 2130 | 19.01 | 20.43 | 20.60 | 21.18 | 21.47 | 22.19 | 20.21 | 18.52 |
| | 新疆 | 1200 | 1200 | 1380 | 1380 | 1380 | 1680 | 1680 | 1680 | 18.77 | 15.29 | 15.82 | 14.64 | 13.55 | 15.21 | 14.03 | 12.80 |
| | 宁夏 | 1020 | 1110 | 1200 | 1200 | 1440 | 1680 | 1716 | 1776 | 16.50 | 14.61 | 14.27 | 13.16 | 14.62 | 15.65 | 14.66 | 13.81 |
| | 重庆 | 960 | 1050 | 1140 | 1140 | 1140 | 1380 | 1380 | 1380 | 13.00 | 12.36 | 12.01 | 10.85 | 9.87 | 10.92 | 10.01 | 9.12 |
| | 内蒙古 | 780 | 870 | 1020 | 1080 | 1320 | 1536 | 1536 | 1536 | 10.25 | 9.68 | 10.22 | 10.02 | 11.37 | 12.21 | 11.13 | 10.05 |
| | 广西 | 900 | 990 | 1080 | 1080 | 1080 | 1344 | 1392 | 1392 | 14.98 | 12.70 | 12.44 | 11.41 | 10.43 | 11.87 | 11.19 | 10.18 |
| | 甘肃 | 780 | 870 | 1020 | 1020 | 1020 | 1236 | 1236 | 1296 | 17.31 | 15.57 | 16.25 | 14.71 | 13.68 | 15.30 | 14.04 | 13.46 |
| | 四川 | 720 | 810 | 900 | 900 | 900 | 1116 | 1200 | 1260 | 10.28 | 9.67 | 9.63 | 8.78 | 8.03 | 9.13 | 9.00 | 8.59 |
| | 云南 | 720 | 810 | 900 | 900 | 1020 | 1236 | 1236 | 1236 | 13.29 | 12.05 | 12.07 | 10.92 | 11.31 | 12.53 | 11.48 | 10.38 |
| | 陕西 | 720 | 810 | 900 | 900 | 930 | 1236 | 1236 | 1236 | 12.49 | 11.42 | 11.35 | 10.36 | 9.90 | 12.04 | 11.02 | 10.03 |
| | 贵州 | 660 | 750 | 840 | 840 | 840 | 1086 | 1116 | 1116 | 13.89 | 12.72 | 12.59 | 11.37 | 10.38 | 12.24 | 11.49 | 10.38 |
| | 平均值 | 925 | 1034 | 1177 | 1205 | 1267 | 1507 | 1531 | 1548 | 15.13 | 13.97 | 14.23 | 13.29 | 12.84 | 13.96 | 12.98 | 11.91 |
| 东北部 | 辽宁 | 660 | 870 | 1020 | 1020 | 1020 | 1296 | 1296 | 1296 | 7.03 | 8.56 | 9.11 | 8.46 | 7.92 | 9.43 | 8.84 | 8.05 |
| | 吉林 | 660 | 750 | 900 | 960 | 960 | 1236 | 1236 | 1236 | 7.68 | 7.67 | 8.35 | 8.48 | 7.92 | 9.54 | 8.99 | 8.28 |
| | 黑龙江 | 660 | 750 | 840 | 840 | 960 | 1080 | 1080 | 1080 | 7.67 | 8.01 | 8.04 | 7.57 | 8.11 | 8.53 | 7.82 | 7.21 |
| | 平均值 | 660 | 790 | 920 | 940 | 980 | 1204 | 1204 | 1204 | 7.45 | 8.09 | 8.51 | 8.18 | 7.98 | 9.18 | 8.56 | 7.85 |

资料来源：《中国统计年鉴》（2013～2020），全国各地区人力资源社会保障部网站，本书测算。其中，按照规定于年中（如7月1日）进行修改的政策，则按照提高前和提高后的均值进行计算，如提高前为660元（每人每年），提高后为840元（每人每年），则当年基础养老金按照均值750元（每人每年）计算。

平均值为 1234 元（每人每年），替代率为 8.13%；按中位数来看，2020 年中部地区基础养老金为 1236 元（每人每年），替代率为 8.16%，都要高于表 3－4 中的 6.91%。中部地区的基础养老金调整水平也保持着一贯的稳定性。

西部 13 个地区 2020 年基础养老金和替代率最高的是西藏地区和青海地区，分别为西藏 2160 元（每人每年）和 16.68%，青海 2100 元（每人每年）和 18.52%。基础养老金待遇在 1500 元以上的有 6 个地区，待遇最低的是贵州（1116 元）。替代率已经没有高于 20% 的省份，高于 10% 的还有 11 个地区，相比 2016 年的情况均出现了一定程度的下降。从平均情况来看，2020 年西部地区基础养老金平均值为 1548 元（每人每年），替代率为 11.91%；按中位数来看，2020 年西部地区基础养老金为 1536 元（每人每年），替代率为 12.70%，都要高于表 3－4 中的 8.1%。西部地区的情况要好于中部和东北地区。

东北 3 个地区 2020 年基础养老金和替代率比较均衡，最高的是辽宁省和吉林省，分别为 1296 元（每人每年）和 8.05%，1236 元（每人每年）和 8.28%，黑龙江省的基础养老金是全国最低的。从平均情况来看，2020 年东北地区基础养老金平均值为 1204 元（每人每年），替代率为 7.85%；按中位数来看，2020 年东北地区基础养老金为 1236 元（每人每年），替代率为 8.05%，都要高于表 3－4 中的 6.88%。

综上，我国农村居民基本养老保险制度的基础养老金替代率总体偏低，对不同地区和收入群体具有不同的作用，体现了一定的差异性，其中对于低收入地区和群体的替代作用较大，体现了基本养老保障制度的"保基本"性质。但是基础养老金待遇最高和替代率最高的地区都在东部，说明地方经济实力对基础养老金的重要支撑作用。

从各省的基础养老金具体指标看，由于大部分省份都提高了基础养老金标准，由此得到的基础替代率都有所提高。其中西部地区由于国家财政支持力度较大，基础养老金的标准和替代率比较高。基础养老金和替代率都比较低的后10个地区如表3-8所示。

表3-8　基础养老金和替代率较低地区

|  | 地　区 | 替代率（%） | 基础养老金（元） |
|---|---|---|---|
| 东部 | 河　北 | 8.43 | 1296 |
| 中部 | 江　西 | 7.60 | 1200 |
|  | 河　南 | 8.15 | 1236 |
|  | 湖　南 | 8.03 | 1236 |
|  | 安　徽 | 8.17 | 1260 |
|  | 湖　北 | 7.54 | 1236 |
| 西部 | 四　川 | 8.59 | 1200 |
| 东北 | 辽　宁 | 8.05 | 1296 |
|  | 吉　林 | 8.28 | 1236 |
|  | 黑龙江 | 7.21 | 1080 |

东部地区的河北，中部地区的江西、河南、湖南、安徽和湖北，东北地区的辽宁、吉林和黑龙江，中部地区的山西虽然替代率稍高，但基础养老金绝对值只有1236元，说明中部地区和东北地区的基础养老金特别需要大力投入和增加。

另外需要注意的问题是，虽然收入越低的农民，基础养老金的替代率越高，但是也不一定能满足他们的基本生活要求；而对于收入高的农民，基础养老金的替代率又比较低，还是不能满足他们的生活需求。地方政府在试行期和正式实施后都进行了不同程度的调整，提高了基础养老金，使其可以更多地满足低收入群体的生活需求。此外，不同档次的农民通过长期缴费也可以获得更多的养老金，对基础养老金起到补充作用。有学者（项洁雯，2015）提出全国农村居民基本养老保险制度试点方案中对于长期缴费的农村居民，可适当加发基础养老金，这使得基础养老金和缴费相联系，成了鼓励缴费参保的一项措施，并且会提高基础养老金替代率。本书认为对于基础养老金还是应当以

"保基本"和"全覆盖"为宗旨,体现普惠式的保障,而对于高收入群体的补偿应当从不同档次的收益中体现。

在全国农村居民基本养老保险基础养老金替代率分析之后,在后文中将继续分析经过调整的地方基础养老金替代率水平。

### 3.2.3　基础养老金替代率测算——中微观层面

本书在中观层面使用的是北京师范大学中国收入分配研究院的 2013 CHIPS 调研数据,包括了 15 个省份的 18948 个住户数据,所筛选的调研数据都是设计科学、调研样本量大、覆盖面广和有代表性的数据。本书微观层面使用了山西省调研数据,笔者于 2016 年完成的山西省调研反映了最新的情况。

根据对山西省 2015 年调研数据计算,2015 年农民可支配收入中位数为 7076.09 元,基础养老金为 960 元,中位数替代率为 13.57%;平均值为 8530.9 元,平均替代率为 11.25%。数据显示平均替代率比中位替代率低了 2.31 个百分点。根据前文计算,山西省 2015 年的基础养老金平均替代率为 10.90%,则中位替代率约为 13.21%。这说明调研数据对山西省基础养老金情况具有一定的代表性。

根据 2013 年 CHIPS 调研数据计算,2015 年农民可支配收入中位数为 9523.93 元,15 个地区的基础养老金平均值为 985.26 元,中位数替代率为 10.35%;平均值为 11596.77 元,平均替代率为 8.50%。数据显示平均替代率比中位替代率低了 1.85 个百分点。根据前文计算,全国各地区 2015 年的基础养老金平均替代率为 11.19%,则中位替代率约为 13.04%。

根据表 3-9 计算和分析可知,农村居民基本养老保险的基础养老金平均替代率和中位替代率确实存在一定的差距,中位替代率要略高于平均替代率。但是农村居民基本养老保险的替代率差距可能没有城镇职工养老金的替代率差距大（7%~10%）,这可能是由于农村的收入差距没有城市大,所以中位数和平均数的差距也不太大。本书认为,对于农村居民基本养老保险的基础养老金替代率，在平均替代率的基础上加上 2% 左右可以得到中位替代率。我国农村居民基本养老保险的基础养老金替代率中位值为 15.31%。

表 3-9　根据调研数据计算的基础养老金替代率

|  | 2015 年山西调研数据 | | | 2013 年 CHIPS 调研数据 | | |
|---|---|---|---|---|---|---|
|  | 人均收入<br>（元） | 基础养老金<br>（元） | 替代率<br>（%） | 人均收入<br>（元） | 基础养老金<br>（元） | 替代率<br>（%） |
| 平均值 | 8530.90 | 960 | 11.25 | 11596.77 | 985.26 | 8.50 |
| 中位值 | 7076.09 | 960 | 13.57 | 9523.93 | 985.26 | 10.35 |
| 差值 |  |  | 2.31 |  |  | 1.85 |

资料来源：根据调研数据计算。

# 3.3　个人账户替代率

我国农村居民基本养老保险的个人账户采用完全积累制，遵循基金平衡法则，通过缴费期间的账户收入积累及运营获利来支付老年的养老金。

## 3.3.1　个人账户替代率模型

（1）养老保险个人账户的收入积累公式：

$$M_{收} = CW(1+r)^m + CW(1+k)(1+r)^{m-1} + \cdots CW(1+k)^{m-1}(1+r) = CW$$

$$(1+r)\frac{(1+r)^m - (1+k)^m}{r-k}$$

其中，每年缴费金额为 $W$，养老基金增长率为 $k$，个人缴费与政府补贴等合计为 $C$，参保年限为 $m$，收益率为 $r$。

中央确定的农村居民社会保险制度中没有固定的个人缴费和政府补贴，因此将其分解为个人缴费 $C_iW_i$ 和政府补贴 $C'_jW'_j$；其中，$i$，$j$ 为缴费的具体年份，数值是从 $1\cdots m$，公式改写为：

$$M_{收} = (C_1W_1 + C'_1W'_1)(1+r)^m + (C_2W_2 + C'_2W'_2)(1+k)(1+r)^{m-1} + \cdots$$
$$(C_mW_m + C'_mW'_m)(1+k)^{m-1}(1+r)$$

当个人缴费、政府补贴缴费在 $m$ 年内都相等时，公式可以简化为：

$$M_{收} = (CW + C'W')(1+r)\frac{(1+r)^m - (1+k)^m}{r-k} = (C_iW_i + C'_jW'_j)(1+r)\frac{(1+r)^m - (1+k)^m}{r-k}$$

根据《国务院关于建立统一的城乡居民基本养老保险制度的意见》（国发〔2014〕8 号），缴费标准目前设为每年 100 元、200 元、300 元、400 元、500元、600 元、700 元、800 元、900 元、1000 元、1500 元、2000 元 12 个档次。因此个人缴费是以 100 为基数。

$$W_i = 100，C_i = 1，2，\cdots，10，15，20$$

政府补贴规定是对参保的农村居民按照不同档次给予参保补助，如最低档次为每人每年 30 元，对于 500 元以上的档次补贴标准不低于每人每年 60 元。

考虑到这几年中央试点方案中个人缴费和政府补贴并没有增长，因此 $k = 0$。

$$M_{收} = (100C_i + 30)(1+r)\frac{(1+r)^m - 1}{r}，C_i = 1，2，3，4$$

$$M_{收} = (100C_i + 60)(1+r)\frac{(1+r)^m - 1}{r}，C_i = 5，6，\cdots，10，15，20$$

（2）个人账户养老金领取。根据养老金发放的一般公式，参保人在领取养老金年限内现值之总和为：

$$M_{支} = Q + \frac{Q}{1+r'} + \cdots + \frac{Q}{(1+r')^{e_b-1}} = \frac{(1+r')^{e_b-1} - 1}{r'(1+r')^{e_b-1}}Q$$

按年养老金发放标准发放养老金时，个人账户养老金支出中设养老金发放标准为 $Q$，参保人员 60 岁后平均预期余命为 $e_b$ 年，个人账户在领取期的积累

利率为 $r'$。

（3）个人账户收支平衡的精算模型。假设养老金收支保持平衡，$M_{收} = M_{支}$，完全积累制的个人账户按基数比例缴费时个人账户养老金收支平衡的一般模型可以表示为：

$$CW(1+r)\frac{(1+r)^m - (1+k)^m}{r-k} = \frac{(1+r')^{e_b - 1} - 1}{r'(1+r')^{e_b - 1}}Q$$

$$(C_iW_i + C'_jW'_j)(1+r)\frac{(1+r)^m - (1+k)^m}{r-k} = \frac{(1+r')^{e_b - 1} - 1}{r'(1+r')^{e_b - 1}}Q$$

最低标准的简化公式为：

$$(100C_i + 30)(1+r)\frac{(1+r)^m - 1}{r} = \frac{(1+r')^{e_b - 1} - 1}{r'(1+r')^{e_b - 1}}Q, \quad C_i = 1, 2, 3, 4$$

$$(100C_i + 60)(1+r)\frac{(1+r)^m - 1}{r} = \frac{(1+r')^{e_b - 1} - 1}{r'(1+r')^{e_b - 1}}Q, \quad C_i = 5, 6, \cdots, 10,$$

15, 20

（4）个人账户替代率计算。在基础养老金之外，假设个人账户每年可以领取一定的养老金，那么个人账户养老金替代率基本公式如下：

$$\rho_I = \frac{Q_t}{y_{t-1}}$$

其中，$\rho_I$ 表示个人账户替代率，$Q_t$ 表示退休之后的每一年（$t$ 年）发放的养老金，$y_{t-1}$ 表示上一年农民人均纯收入。

按照最低补贴方案，个人账户养老金替代率可表示如下：

$$\rho_I = \frac{(100C_i + 30)\left[(1+r)^m - 1\right]r'(1+r')^{e_b - 1}}{r\left[(1+r')^{e_b} - 1\right]y_{t-1}}, \quad C_i = 1, 2, 3, 4$$

$$\rho_I = \frac{(100C_i + 60)\left[(1+r)^m - 1\right]r'(1+r')^{e_b - 1}}{r\left[(1+r')^{e_b} - 1\right]y_{t-1}}, \quad C_i = 5, 6, \cdots, 10, 15, 20$$

### 3.3.2　农村居民基本养老保险个人账户养老金积累测算

本书的测算根据文件规定做出的假设如下：

（1）测算缴费 15 年的积累情况；

（2）假设缴纳进个人账户的养老金年收益率为 2.5% ~ 5%[①]，并在不同的收益率下测算不同个人账户的积累情况；

（3）假设个人缴费标准分为 12 档，为每年 100 ~ 1000 元、1500 元和 2000 元；

（4）计发月数按照 139；

（5）对于参保人缴费期间，政府补贴标准为每人每年 30 元或者 60 元。

表 3 – 10　个人账户积累

| 缴费档次 | 政府补贴（元/年） | 15 年积累额（元） | | | 个人账户每年领取养老金（元） | | |
|---|---|---|---|---|---|---|---|
| | | 2.5% | 4.0% | 5.0% | 2.5% | 4.0% | 5.0% |
| 100 | 30 | 2389.43 | 2707.19 | 2945.47 | 206.28 | 233.71 | 254.29 |
| 200 | 30 | 4227.45 | 4789.64 | 5211.22 | 364.96 | 413.49 | 449.89 |
| 300 | 30 | 6065.47 | 6872.09 | 7476.97 | 523.64 | 593.27 | 645.49 |
| 400 | 30 | 7903.49 | 8954.55 | 9742.72 | 682.32 | 773.05 | 841.10 |
| 500 | 60 | 10292.92 | 11661.74 | 12688.19 | 888.60 | 1006.77 | 1095.38 |
| 600 | 60 | 12130.95 | 13744.19 | 14953.94 | 1047.28 | 1186.55 | 1290.99 |
| 700 | 60 | 13968.97 | 15826.64 | 17219.69 | 1205.95 | 1366.33 | 1486.59 |
| 800 | 60 | 15806.99 | 17909.10 | 19485.44 | 1364.63 | 1546.11 | 1682.20 |
| 900 | 60 | 17645.01 | 19991.55 | 21751.19 | 1523.31 | 1725.89 | 1877.80 |
| 1000 | 60 | 19483.03 | 22074.00 | 24016.94 | 1681.99 | 1905.67 | 2073.40 |
| 1500 | 60 | 28673.14 | 32486.27 | 35345.68 | 2475.38 | 2804.57 | 3051.43 |
| 2000 | 60 | 37863.25 | 42898.53 | 46674.43 | 3268.77 | 3703.47 | 4029.45 |

资料来源：本书测算。

假设居民 2010 年开始缴纳养老保险（当年 45 周岁），连续缴费 15 年，则居民将于 2025 年开始领取养老金。因此，需要用 2024 年以后的农民人均可支配收入计算养老金的收入替代率。

---

① 2.5% ~ 5% 为可能波动的一年存款利率。

预测一般有定量和定性的方法。定量预测方法是借助数学模型对未来进行预测估计。常用的方法有神经网络预测法、回归分析法、时间序列法、灰色预测法、统计预测法等。

灰色模型（邓聚龙，1982）是基于少量的、不完全的信息，建立灰色微分预测模型，模糊预测描述事物长期发展规律。Liu Sifeng 等（2010）指出灰色模型是一种常用的预测模型，主要研究"部分信息已知，部分信息未知"的"小样本""贫信息"不确定性系统，基于提取部分已知有价值的信息，实现对系统运行规律进行正确认识和确切描述以及科学预测。灰色系统的含义是如果某一系统的全部信息已知为白色系统，全部信息未知为黑箱系统，部分信息已知，部分信息未知，那么这一系统就是灰箱系统。另外灰色模型还具有一些显著优点：不需要大量样本，样本不需要有规律分布，计算工作量小，预测精确度高。对于本书的研究而言，个人特征和参保档次是已知的，二者之间的具体关系是未知的，构成一个灰箱系统；数据量较少。在此情况下，灰色模型可以在不知道个人信息和参保档次具体关系的情况下做出相对准确的预测，因此本书运用灰色模型研究非常合适。另外运用蚁群算法对灰色模型进行进一步的优化可以使得预测结果更为准确。以灰色模型为基础的组合预测也比较广泛地运用于经济、工程、农业等各个领域（Tan G. Z., et al., 2010；Thordarson F. Ö., et al., 2010；He Yu, et al., 2011；Li S. J., et al., 2012；Nan Shi, et al., 2013；Li M. T., et al., 2014；童新安，2012；刘坤等，2013；王国成等，2014；于岩等，2015），也取得了比较好的预测结果。

为提高输出精度，采用传统灰色模型（GM（1，N））累加原数据，以期获得有规律性的结果，同时采取典型曲线对数据拟合，提高基于稀疏数据的预测精度。通常，非负的准有序序列通过累加都可以减少数列的随机性，整体会近似服从指数分布。构建 GM（1，N）的目的是通过累加原始调研数据作为生成的灰色序列，并构建微分方程，基于此方程的求解过程可得所需参数（刘思峰等，2010）。基于个体特征获取阶段所获取的特征值，根据公式 $x_i^{(1)}(k) =$

$$\sum_{j}^{k} x_i^{(0)}(j)，（1 \leqslant i \leqslant 6，1 \leqslant k \leqslant n，x_i^{(1)} 为 x_i^{(0)} 的 1-AGO 序列）进行累加后生$$

成数据 GM（1，6）。

$$x_1^{(1)} = b_1 x_2^{(1)} + b_2 x_3^{(1)} + b_3 x_4^{(1)} + b_4 x_5^{(1)} + b_5 x_6^{(1)} + a \qquad (3-2)$$

根据新生成的数列可构建如下白化形式的微分方程：

$$\frac{\mathrm{d} x_1^{(1)}}{\mathrm{d} t} + a x_1^{(1)} = b_1 x_2^{(1)} + b_2 x_3^{(1)} + b_3 x_4^{(1)} + b_4 x_5^{(1)} + b_5 x_6^{(1)} \qquad (3-3)$$

其离散形式为：

$$x_1^{(0)}(k+1) + a z_1^{(1)}(k+1) = b_1 x_2^{(1)}(k+1) + b_2 x_3^{(1)}(k+1) + b_3 x_4^{(1)}(k+1) +$$

$$b_4 x_5^{(1)}(k+1) + b_5 x_6^{(1)}(k+1) \qquad (3-4)$$

令模型中的参数列为 $\hat{c} = [b_1，b_2，b_3，b_4，b_5，a]^T$，再设

$$y_N = (x_1^{(0)}(2)，x_1^{(0)}(3)，x_1^{(0)}(4)，x_1^{(0)}(5)，x_1^{(0)}(6))^T$$

将白化形式的微分方程按差分法离散，得到如 $y_N = B\hat{c}$ 线性方程组，再通过最小二乘准则（何文章等，2005），求得 $\hat{c} = (B^T B)^{-1} B^T y_N$。

$$B = \begin{bmatrix} -z_1^{(1)}(2) & x_2^{(1)}(2) & \cdots & x_6^{(1)}(2) \\ -z_1^{(1)}(3) & x_2^{(1)}(3) & \cdots & x_6^{(1)}(3) \\ \cdots & \cdots & \cdots & \cdots \\ -z_1^{(1)}(6) & x_2^{(1)}(6) & \cdots & x_6^{(1)}(6) \end{bmatrix} \qquad (3-5)$$

其中，$-z_1^{(1)}(n)$ 为 $x_1^{(1)}(n)$ 的紧邻均值生成序列，常取 $z_1^{(1)}(n+1) = (x_1^{(1)}(n+1) + x_1^{(1)}(n))/2$。

由 $\hat{c} = (B^T B)^{-1} B^T y_N = [b_1，b_2，b_3，b_4，b_5，a]^T$ 可算出各个参数的值，代入离散形式得出预测结果公式：

$$x_1^{(1)}(k+1) = \left[ x_1^{(0)}(1) - \frac{1}{a} \sum_{i=2}^{6} b_{i-1} x_1^{(1)}(k+1) \right] e^{-ak} + \frac{1}{a} \sum_{i=2}^{6} b_{i-1} x_1^{(1)}(k+1)$$

$$(3-6)$$

本书用灰色预测模型预测农村居民人均年收入。农村居民人均收入受很多

条件的影响，仍然具有"部分已知和部分未知信息"的不确定性质。因此，本书利用灰色模型预测农民人均收入。基于农村居民在 2004～2013 年的人均纯收入数据，预测 2014～2030 年的农民人均纯收入。通过图 3-1 可知，农村居民人均纯收入在 20 世纪末期有很大波动，1994 年农村居民人均纯收入增长率达到峰值，达 32.94%，随后受亚洲金融危机冲击，1998～2003 年基本上都在 5% 以下，历史最低是 2000 年的 1.95%，随后开始缓慢回升。自 2004 年初，增速攀升至 10% 以上。总体发展趋势是 2004～2013 年的发展较为稳定，因此利用这一阶段的数据进行预测可以更好地体现阶段性趋势。

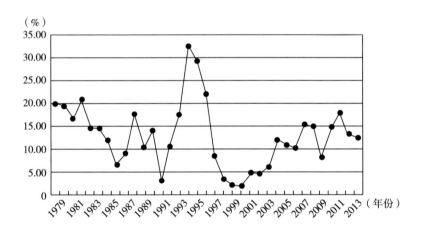

图 3-1　农村居民纯收入比上年名义增长情况（1978～2013 年）

同时运用平均增长率进行了预测，1978～2013 年我国农村居民人均纯收入的增长率是 12.96%。三种预测结果如表 3-11 所示。根据《中国统计年鉴》（2015）数据，2014 年我国农村居民人均可支配收入为 10488 元，2015 年可支配收入为 11422 元[①]，由此计算 2014 年的人均纯收入比较接近于灰色模型预测 1 的结果。

---

① 国家统计局 2016 年数据。

表 3 - 11  农村居民人均纯收入预测

| 年份 | 灰色模型预测 1 | 灰色模型预测 2 | 平均增长率预测 | 参考可支配收入 | 平均值 |
|---|---|---|---|---|---|
| 2014 | 9334.82 | 10108.69 | 10048.83 | 10488.00 | 10078.76 |
| 2015 | 10383.64 | 11500.07 | 11351.15 | 11422.00 | 11425.61 |
| 2016 | 11550.30 | 13082.98 | 12822.26 | 12363.4 | 12952.62 |
| 2017 | 12848.03 | 14883.75 | 14484.03 | 13432.4 | 14683.89 |
| 2018 | 14291.48 | 16932.40 | 16361.16 | 14617.0 | 16646.78 |
| 2019 | 15897.32 | 19263.02 | 18481.56 | 16020.7 | 18872.29 |
| 2020 | 17683.47 | 21914.44 | 20876.77 | 17000.0（按照 6% 预测） | 21395.61 |
| 2021 | 19670.30 | 24930.80 | 23582.40 | 18020.0 | 24256.60 |
| 2022 | 21880.37 | 28362.35 | 26638.68 | 19101.2 | 27500.52 |
| 2023 | 24338.74 | 32266.23 | 30091.06 | 20247.3 | 31178.64 |
| 2024 | 27073.33 | 36707.44 | 33990.86 | 21462.1 | 35349.15 |
| 2025 | 30115.17 | 41759.96 | 38396.07 | 22749.8 | 40078.02 |
| 2026 | 33498.77 | 47507.92 | 43372.20 | 24114.8 | 45440.06 |
| 2027 | 37262.54 | 54047.05 | 48993.24 | 25561.7 | 51520.15 |
| 2028 | 41449.19 | 61686.24 | 55342.77 | 27095.4 | 58514.50 |
| 2029 | 46106.23 | 69949.38 | 62515.19 | 28721.1 | 66232.28 |
| 2030 | 51286.52 | 79577.41 | 70617.16 | 30444.4 | 75097.28 |

资料来源:《中国统计年鉴》(2015)，本书测算。

根据假设及模型计算，缴费 15 年后的农村居民得到的养老金替代率情况如表 3 - 12 所示。由此可知:

第一，经过 15 年积累的个人账户养老金替代率非常低，100 元档次的替代率低于 1%，选择最高缴费档次 2000 元替代率可以维持在 7% 以上。对于 500 元以下档次，个人账户的养老金替代率都在 5% 以下，能起到的作用非常有限。个人账户养老金替代率结果表明，如果依靠目前的方案积累 15 年，将来的养老金水平是相当低的，应当鼓励参保居民延长参保年限。

表3-12 2025年不同收益率下的个人账户养老金替代率预测

| 缴费档次 | 2025年 | | | 2026年 | | | 2027年 | | | 2028年 | | | 2029年 | | | 2030年 | | |
|---|---|---|---|---|---|---|---|---|---|---|---|---|---|---|---|---|---|---|
| | 2.5% | 4.0% | 5.0% | 2.5% | 4.0% | 5.0% | 2.5% | 4.0% | 5.0% | 2.5% | 4.0% | 5.0% | 2.5% | 4.0% | 5.0% | 2.5% | 4.0% | 5.0% |
| 100元 | 206.28 | 233.71 | 254.29 | 206.28 | 233.71 | 254.29 | 206.28 | 233.71 | 254.29 | 206.28 | 233.71 | 254.29 | 206.28 | 233.71 | 254.29 | 206.28 | 206.28 | 233.71 |
| | 0.76% | 0.86% | 0.94% | 0.68% | 0.78% | 0.84% | 0.62% | 0.70% | 0.76% | 0.55% | 0.63% | 0.68% | 0.50% | 0.56% | 0.61% | 0.45% | 0.76% | 0.86% |
| 200元 | 364.96 | 413.49 | 449.89 | 364.96 | 413.49 | 449.89 | 364.96 | 413.49 | 449.89 | 364.96 | 413.49 | 449.89 | 364.96 | 413.49 | 449.89 | 364.96 | 364.96 | 413.49 |
| | 1.35% | 1.53% | 1.66% | 1.21% | 1.37% | 1.49% | 1.09% | 1.23% | 1.34% | 0.98% | 1.11% | 1.21% | 0.88% | 1.00% | 1.09% | 0.79% | 1.35% | 1.53% |
| 300元 | 523.64 | 593.27 | 645.49 | 523.64 | 593.27 | 645.49 | 523.64 | 593.27 | 645.49 | 523.64 | 593.27 | 645.49 | 523.64 | 593.27 | 645.49 | 523.64 | 523.64 | 593.27 |
| | 1.93% | 2.19% | 2.38% | 1.74% | 1.97% | 2.14% | 1.56% | 1.77% | 1.93% | 1.41% | 1.59% | 1.73% | 1.26% | 1.43% | 1.56% | 1.14% | 1.93% | 2.19% |
| 400元 | 682.32 | 773.05 | 841.10 | 682.32 | 773.05 | 841.10 | 682.32 | 773.05 | 841.10 | 682.32 | 773.05 | 841.10 | 682.32 | 773.05 | 841.10 | 682.32 | 682.32 | 773.05 |
| | 2.52% | 2.86% | 3.11% | 2.27% | 2.57% | 2.79% | 2.04% | 2.31% | 2.51% | 1.83% | 2.07% | 2.26% | 1.65% | 1.87% | 2.03% | 1.48% | 2.52% | 2.86% |
| 500元 | 888.60 | 1006.77 | 1095.38 | 888.60 | 1006.77 | 1095.38 | 888.60 | 1006.77 | 1095.38 | 888.60 | 1006.77 | 1095.38 | 888.60 | 1006.77 | 1095.38 | 888.60 | 888.60 | 1006.77 |
| | 3.28% | 3.72% | 4.05% | 2.95% | 3.34% | 3.64% | 2.65% | 3.01% | 3.27% | 2.38% | 2.70% | 2.94% | 2.14% | 2.43% | 2.64% | 1.93% | 3.28% | 3.72% |
| 600元 | 1047.28 | 1186.55 | 1290.99 | 1047.28 | 1186.55 | 1290.99 | 1047.28 | 1186.55 | 1290.99 | 1047.28 | 1186.55 | 1290.99 | 1047.28 | 1186.55 | 1290.99 | 1047.28 | 1047.28 | 1186.55 |
| | 3.87% | 4.38% | 4.77% | 3.48% | 3.94% | 4.29% | 3.13% | 3.54% | 3.85% | 2.81% | 3.18% | 3.46% | 2.53% | 2.86% | 3.11% | 2.27% | 3.87% | 4.38% |
| 700元 | 1205.95 | 1366.33 | 1486.59 | 1205.95 | 1366.33 | 1486.59 | 1205.95 | 1366.33 | 1486.59 | 1205.95 | 1366.33 | 1486.59 | 1205.95 | 1366.33 | 1486.59 | 1205.95 | 1205.95 | 1366.33 |
| | 4.45% | 5.05% | 5.49% | 4.00% | 4.54% | 4.94% | 3.60% | 4.08% | 4.44% | 3.24% | 3.67% | 3.99% | 2.91% | 3.30% | 3.59% | 2.62% | 4.45% | 5.05% |

续表

| 缴费档次 | 2025年 2.5% | 2025年 4.0% | 2025年 5.0% | 2026年 2.5% | 2026年 4.0% | 2026年 5.0% | 2027年 2.5% | 2027年 4.0% | 2027年 5.0% | 2028年 2.5% | 2028年 4.0% | 2028年 5.0% | 2029年 2.5% | 2029年 4.0% | 2029年 5.0% | 2030年 2.5% | 2030年 4.0% | 2030年 5.0% |
|---|---|---|---|---|---|---|---|---|---|---|---|---|---|---|---|---|---|---|
| 800元 | 1364.63　5.04% | 1546.11　5.71% | 1682.20　6.21% | 1364.63　4.53% | 1546.11　5.13% | 1682.20　5.59% | 1364.63　4.07% | 1546.11　4.52% | 1682.20　5.02% | 1364.63　3.66% | 1546.11　4.15% | 1682.20　4.51% | 1364.63　3.29% | 1546.11　3.73% | 1682.20　4.06% | 1364.63　2.96% | 1546.11　5.04% | 1682.20　5.71% |
| 900元 | 1523.31　5.63% | 1725.89　6.37% | 1877.80　6.94% | 1523.31　5.06% | 1725.89　5.73% | 1877.80　6.24% | 1523.31　4.55% | 1725.89　5.15% | 1877.80　5.61% | 1523.31　4.09% | 1725.89　4.63% | 1877.80　5.04% | 1523.31　3.68% | 1725.89　4.16% | 1877.80　4.53% | 1523.31　3.30% | 1725.89　5.63% | 1877.80　6.37% |
| 1000元 | 1681.99　6.21% | 1905.67　7.04% | 2073.40　7.66% | 1681.99　5.59% | 1905.67　6.33% | 2073.40　6.88% | 1681.99　5.02% | 1905.67　5.69% | 2073.40　6.19% | 1681.99　4.51% | 1905.67　5.11% | 2073.40　5.56% | 1681.99　4.06% | 1905.67　4.60% | 2073.40　5.00% | 1681.99　3.65% | 1905.67　6.21% | 2073.40　7.04% |
| 1500元 | 2475.38　9.14% | 2804.57　10.36% | 3051.43　11.27% | 2475.38　8.22% | 2804.57　9.31% | 3051.43　10.13% | 2475.38　7.39% | 2804.57　8.37% | 3051.43　9.1% | 2475.38　6.64% | 2804.57　7.53% | 3051.43　8.19% | 2475.38　5.97% | 2804.57　6.77% | 3051.43　7.36% | 2475.38　5.37% | 2804.57　9.14% | 3051.43　10.36% |
| 2000元 | 3268.77　12.07% | 3703.47　13.68% | 4029.45　14.88% | 3268.77　10.85% | 3703.47　12.30% | 4029.45　13.38% | 3268.77　9.76% | 3703.47　11.06% | 4029.45　12.03% | 3268.77　8.77% | 3703.47　9.94% | 4029.45　10.81% | 3268.77　7.89% | 3703.47　8.93% | 4029.45　9.72% | 3268.77　7.09% | 3703.47　12.07% | 4029.45　13.68% |

资料来源：本书测算。

第二，各个档次之间的替代率差异性非常小，体现不出分12档次的意义。以2025年为例，500元以下档次替代率都在4%以内，而500～1000元档次替代率都在7.66%以内，这说明各个档次的补贴区分度没有体现出来，此外档次之多增加了农户选择的难度和工作人员的工作量，造成了一定的浪费。

第三，横向看替代率呈现递减的趋势。2025年的最高档次最高收益的替代率在14.88%，还算是比较高的替代率，而到了2030年，仅仅5年时间，最高档次最高收益的替代率就降到了13.68%。这说明当前制度下养老金的增值速度赶不上农民收入的增长速度，造成了养老金保障作用的不足。

# 3.4　整体替代率

城乡居民社会保险的整体替代率就是把基础养老金替代率和个人账户养老金替代率进行加总测算，基本公式为：

$$\rho = \rho_B + \rho_I = \frac{P_t}{y_{t-1}} + \frac{Q_t}{y_{t-1}} = \frac{P_t + Q_t}{y_{t-1}}$$

首先对2025～2030年的基础养老金替代率进行预测。如果按照2020年的方案不进行调整的情况下，基础养老金为1056元/年；如果按照1978～2019年农民纯收入的平均增长率12.7%调整基础养老金，调整情况如表3－13所示。

表3－13　基础养老金替代率预测（2025～2030年）

| 年份 | 基础养老金（元） | 基础养老金替代率（%） | 调整基础养老金（元） | 调整基础养老金替代率（%） |
|---|---|---|---|---|
| 2025 | 1056 | 3.90 | 1919.9 | 7.09 |
| 2026 | 1056 | 3.51 | 2163.8 | 7.18 |

续表

| 年份 | 基础养老金（元） | 基础养老金替代率（%） | 调整基础养老金（元） | 调整基础养老金替代率（%） |
|---|---|---|---|---|
| 2027 | 1056 | 3.15 | 2438.5 | 7.28 |
| 2028 | 1056 | 2.83 | 2748.2 | 7.38 |
| 2029 | 1056 | 2.55 | 3097.3 | 7.47 |
| 2030 | 1056 | 2.29 | 3490.6 | 7.57 |

资料来源：本书测算。

　　由表 3 - 13 可知，如果不进行调整，基础养老金的替代率也将变得非常低，有可能在 2.5% 以下；如果进行调整，基础养老金的替代率有可能与当前水平保持一致，在 7% 左右。

　　通过对 2025～2030 年个人替代率进行分析，选出最低替代率和最高替代率作为上下界，加上基础养老金（假设为 7%）得出了整体替代率的低方案和高方案，如表 3 - 14 所示。由此可知，按照假设在当前制度下，整体替代率将在 7.45%～14.44%，与当前的平均替代率 13.31% 比较接近。

表 3 - 14　整体替代率　　　　　　　　单位：%

| 年份 | 基础养老金 | 个人账户 | | 整体替代率 | |
|---|---|---|---|---|---|
| | | 最低 | 最高 | 低方案 | 高方案 |
| 2025 | 7 | 0.76 | 13.68 | 7.76 | 14.44 |
| 2026 | 7 | 0.68 | 13.38 | 7.68 | 14.07 |
| 2027 | 7 | 0.62 | 12.03 | 7.62 | 12.64 |
| 2028 | 7 | 0.55 | 10.81 | 7.55 | 11.37 |
| 2029 | 7 | 0.50 | 9.72 | 7.50 | 10.22 |
| 2030 | 7 | 0.45 | 8.74 | 7.45 | 9.19 |

资料来源：本书测算。

　　根据 3.2 节计算，全国实际平均养老金替代率要比按最低值计算的高

4.5% ~6.7%，而中位替代率要再高 2%，所以在整体替代率的基础上加上 6% ~ 8.7% 更为接近真实的替代率水平。按此推算整体替代率将在 13.45% ~23.14%。

# 3.5　养老保险替代率比较

根据我国的社会养老保障制度，在农村居民基本养老保险之外，居民可能享受的其他养老保险包括事业单位养老保险、城市职工养老保险和商业养老保险。机关事业单位的养老保障体系比较完善且替代率也比较高（王亚柯等，2013），城市职工养老保险替代率也要高于农村居民基本养老保险，但是除商业保险外其他保险之间一般不能重复参加。

## 3.5.1　城市职工基本养老保险替代率

城市职工基本养老保险是我国社会保障制度中的重要组成部分，通过个人缴费、企业补助和国家财政补充构成了对企业职工老年生活的有力支撑。1991年国务院发布的《关于企业职工养老保险制度改革的决定》表明要将基本养老保险、企业补充养老保险和个人储蓄结合起来。1997 年国务院通过《关于建立统一的企业职工养老保险制度的决定》进一步明确了筹资体系中各部分的比重，其中社会统筹部分替代率为 20%，个人账户替代率为 18.5%。到2005 年国家企业职工基本养老保险制度进行了进一步的调整和改进，《国务院关于完善企业职工基本养老保险制度的决定》中规定，从 2006 年开始，个人账户中个人缴费比例调整为 8%。当前制度下企业职工的养老金目标替代率的设计为 59.2%（基础养老金 35%，个人账户 24.2%），但这个设计是以连续缴费 35 年为前提设计的，如果缴费时间较短则不一定能实现该目标。

2015 年国务院发布了《关于机关事业单位工作人员养老保险制度改革的决定》，表示将废除养老金双轨制，将机关事业单位的养老体制纳入企业养老保障体制的范围内。经过并轨的改革后，我国的养老保障体系更加完善和公平，管理上也更成体系。

与城市职工养老保险相比，农村居民基本养老保险的替代率还有很大的差距，需要通过提高基础养老金等方式进行改进，进一步缩小城乡差距，真正实现全国统筹城乡并轨。

### 3.5.2　商业养老保险替代率

对于各个不同的商业养老保险，替代率都各不相同，因此可以在一些基本假设条件下进行计算。社科院发布的《中国养老金发展报告 2015》中指出我国商业养老保险资产占 GDP 的比重为 2.6%，相比较美国的 42.5% 来说显得微不足道。商业养老保险的人均保费收入也不到 200 元，替代率约为 1.1%。这说明我国商业养老保险还未得到广泛认可，养老保障体系中的第三支柱严重缺位。为了加快推进我国商业保险的普及率，应当设立近期、中期和远期的目标，通过税收调整的方式设立"延税型""免税型"账户促进参保居民加大个人账户的储备，进而提高国民福利，促进资本市场发展（郑秉文，2016）。

在我国农村商业养老保险的占有率较低，在对山西部分农村的调研中发现，商业养老保险的参保率为 15.1%，而其他健康类或者健康养老结合类的保险有更高的占有率。一些学者（徐静，2008；徐文芳，2009；王福祥，2011）认为在农村推广商业养老保险是完善社会保障制度不可或缺的部分，有利于全面建设多层次养老保障体系。但是同样需要考虑的是税收的作用，由于农村居民不需要缴纳个人所得税，税收的优惠作用还需要从其他方面设计。

对于分红型的商业养老保险，年缴费过高的品种不适合普通农民群体购买。但分红型的商业养老保险能保证一定的替代率，主要应关注其收益率，并且开发费率合适的险种。

### 3.5.3 国际替代率

国际上一些高福利国家的社会养老保险替代率达到了 60% 以上，有的甚至超过 100%，必须客观注意的是，部分高福利国家由于经济发展停滞和过高的福利负担而陷入了衰退，希腊、冰岛等国的破产也说明高福利已经给这些国家带来了困难。所以本书列出这些国家的替代率只是为了比较和说明差距，并不是提倡制定提高到 90% 替代率的改进方案。但是可以看出，经合组织的国家最低的养老金替代率均值也超过了 40%，这才是目前农村社会养老保障需要改进的目标。

表 3 – 15　经合组织（OECD）国家养老金不同收入下的替代率（男性）

单位:%

| 国家 | 实际收入与平均收入比值 | | | | | | 国家 | 实际收入与平均收入比值 | | | | | |
|---|---|---|---|---|---|---|---|---|---|---|---|---|---|
| | 0.5 | 0.75 | 1 | 1.5 | 2 | 均值 | | 0.5 | 0.75 | 1 | 1.5 | 2 | 均值 |
| 澳大利亚 | 83.5 | 66.2 | 56.4 | 46.1 | 40.8 | 58.6 | 新西兰 | 81.4 | 54.9 | 41.7 | 29.4 | 23.2 | 46.1 |
| 奥地利 | 90.4 | 90.6 | 90.9 | 89.2 | 66.4 | 85.5 | 荷兰 | 97.0 | 104.0 | 96.8 | 96.3 | 94.8 | 97.8 |
| 比利时 | 77.3 | 65.5 | 63.0 | 51.1 | 40.7 | 59.5 | 卢森堡 | 108.0 | 99.8 | 96.2 | 92.9 | 91.0 | 97.6 |
| 加拿大 | 89.2 | 68.3 | 57.4 | 40.0 | 30.8 | 57.1 | 墨西哥 | 50.3 | 37.8 | 38.3 | 39.0 | 40.0 | 41.1 |
| 捷克 | 98.8 | 75.6 | 64.4 | 49.3 | 40.2 | 65.7 | 挪威 | 77.1 | 71.2 | 69.3 | 62.5 | 55.1 | 67.0 |
| 丹麦 | 133.0 | 102.0 | 86.7 | 77.0 | 72.2 | 94.2 | 波兰 | 74.5 | 74.8 | 74.9 | 75.0 | 77.1 | 75.3 |
| 芬兰 | 77.4 | 68.4 | 68.8 | 70.3 | 70.5 | 71.1 | 葡萄牙 | 81.6 | 66.0 | 69.2 | 72.2 | 73.7 | 72.5 |
| 法国 | 78.4 | 64.9 | 63.1 | 58.0 | 55.4 | 64.0 | 斯洛伐克 | 66.4 | 70.6 | 72.9 | 75.4 | 76.7 | 72.4 |
| 德国 | 53.4 | 56.6 | 58.0 | 59.2 | 44.4 | 54.3 | 西班牙 | 82.0 | 83.9 | 84.5 | 85.2 | 72.4 | 81.6 |
| 希腊 | 114.0 | 112.0 | 110.0 | 110.0 | 107.0 | 110.6 | 瑞典 | 81.4 | 69.2 | 64.0 | 71.9 | 73.9 | 72.1 |
| 匈牙利 | 94.7 | 95.1 | 102.0 | 98.5 | 98.5 | 97.8 | 瑞士 | 75.0 | 68.2 | 64.3 | 45.7 | 35.1 | 57.7 |
| 冰岛 | 111.0 | 92.0 | 84.2 | 80.3 | 79.7 | 89.4 | 土耳其 | 101.0 | 103.0 | 104.0 | 106.0 | 108.0 | 104.4 |
| 爱尔兰 | 65.8 | 49.3 | 38.5 | 29.3 | 23.5 | 41.3 | 英国 | 66.1 | 49.2 | 41.1 | 30.6 | 24.0 | 42.2 |
| 意大利 | 81.8 | 78.2 | 77.9 | 78.1 | 79.3 | 79.1 | 美国 | 67.4 | 58.0 | 52.4 | 47.9 | 43.2 | 53.8 |
| 日本 | 52.5 | 43.5 | 39.2 | 34.3 | 31.3 | 40.2 | 经合组织 | 83.8 | 74.0 | 70.1 | 65.4 | 60.7 | 70.8 |
| 韩国 | 106.0 | 83.1 | 71.8 | 61.9 | 50.7 | 74.7 | | | | | | | |

# 3.6　本章小结

本章主要对农村居民基本养老保险替代率进行分析和测算，分别对基础养老金和个人账户的替代率进行测算，从中位数替代率的角度进行了改进，并对其他养老保险的替代率进行分析和比较，得出如下结论：

（1）2020 年基础养老金替代率最高的前两位城市是上海和北京，2020 年替代率和基础养老金分别为 39.76%、13200 元（每人每年）；34.01%、9840 元（每人每年）。全国替代率最低的是浙江省，为 6.23%。中部和东北部地区的基础养老金绝对值和替代率都比较低，都需要大力投入和增加。

（2）从基础养老金替代率来看，2020 年全国所有地区基础养老金都高于国家规定最低值 1056 元，这说明大部分的地区都适当提高了基础养老金的待遇。全国基础养老金替代率平均值为 13.31%，但有 24 个地区低于该值，说明地区间替代率差异性较大。

（3）按照平均值和中位数来看，2020 年我国农村居民基本养老保险的基础养老金为 1380～2220 元（每人每年），替代率为 10.52%～13.31%。这是一个相对合理的参考指标，对于农村居民基本养老保险的基础养老金替代率，在平均替代率的基础上加上 2% 左右可以得到中位替代率。我国农村居民基本养老保险的基础养老金替代率为 15.31%。

（4）根据预测，2025～2030 年我国城乡居民基本养老保险整体替代率将在 13.45%～23.14%。

综上，按照当前标准，农村居民基本养老保险的基础替代率和个人账户替代率都比较低，与其他养老保险的替代率相差较多。如果不能及时调整，农村居民基本养老保险制度对农民老年生活的扶助力度可能比较小。

# 第4章　农村居民基本养老保险
# 需求替代分析

我国农村居民基本养老保险的基本政策目标是满足农村居民老年生活需求。通过第 3 章对收入替代率的测算可知农村居民基本养老保险养老金对农村老年人 60 岁前的收入替代情况。而养老金对生活需求的满足和替代情况具有更为重要的意义，因为养老金的最终目的不仅是替代收入，更要满足生活需求，这也是设计社会养老保险替代率的基本依据。我国农村居民基本养老保险制度虽建立较晚，但发展迅速，因此更需要对农村居民的生活需求情况进行及时和准确的研究，能够为政策的调整提供参考。

本章主要从农村居民基本生活需求的角度分析农村社会养老金的需求替代情况，测算满足农村老年人基本生活的养老金需求。需求可以用支出水平来反映，所以本章的分析以农村居民生活支出水平来反映其对基本生活的需求。

## 4.1　农村居民基本生活需求界定

为了更准确地测算农村居民基本养老保险能否保障居民基本生活，首先要对基本生活需求进行界定。

养老金对生活需求的替代率设计有以下三个标准：

（1）最低生存标准。社会养老保险具有保障老年人基本生活的政策目标，基本生活的最低限度就是最低生存水平，根据不同国家和不同时期的经济发展水平最低生存水平也各不相同。这项指标可以参照贫困线和最低生活保障的标准。

（2）基本生活需求标准。基本生活需求要高于最低生存标准，除了获得最基本的衣食住等方面补偿之外，还有更高一些的支出要求，可以让生活过得相对体面。

（3）发展需求标准。养老保障的建设目标是维持退休前的生活标准，即为在年老之后通过养老金的补偿能够保持之前的生活水平，不仅能满足基本生活需求，还能不降低生活水平和质量。

以上三个标准具有由低到高的层次性，表现出"生存线—温饱线—发展线"的顺序递进。每一个层次需要靠不同的养老金来满足：第一层次主要依靠基础养老金，体现了国家的基本福利和保障；第二层次主要依靠企业和部分个人储蓄，体现了劳动公平和个人劳动价值；第三层次主要依靠个人实现，有能力的个人可以通过年轻时多为养老做准备而实现，过上自给自足的生活。

当前我国农村居民基本养老保险主要保障第一层次和部分的第二层次，设计目标也应当合理科学，不应盲目攀高。农村居民生活需求标准对应项目如表4－1所示。

表 4－1　农村居民生活需求层次表

| 生活需求标准 | 对应项目 | 养老金 |
| --- | --- | --- |
| 最低生存标准 | 食品、衣着 | 基础养老金 |
| 基本生活需求 | 食品、衣着、医疗保健、居住 | 基础养老金 + 个人账户 |
| 发展需求 | 食品、衣着、医疗保健、居住、家庭设备及服务、文教娱乐、交通和通信、其他 | 基础养老金 + 个人账户 + 其他 |

根据表4-1中对我国农村居民生活需求的界定标准可知，按照最低生存标准，农村居民基本养老保险的基础养老金应该满足购买食品和衣着的支出，至少应满足食品支出；按照基本生活需求标准，基础养老金和个人账户积累应该能满足食品、衣着、医疗和居住的需求，第一步是满足食品和衣着的支出；按照发展需求标准，社会养老保险和其他养老保险应满足居民生活发展的各类需求。

这也说明养老保障不是政府或者个人的单一责任，是政府、集体和个人的综合力量。在当前制度下，农村居民社会养老保险中企业补助的部分由村集体来承担，通过政府补助、集体补助和个人储蓄，有条件再加上个人购买商业保险，才能保障老年生活的衣食无忧。我国政府对于生活贫困和有残疾的居民设立了另外的保障制度，代缴保费、最低生活保障及残疾人补助等，从多方面保障了居民的基本生活。政府致力于建设多层次、多支柱的养老保障体系，同时也要强调个人和家庭的养老责任。

我国经过8年的持续奋斗，如期完成了新时代脱贫攻坚目标任务，现行标准下农村贫困人口全部脱贫，贫困县全部摘帽。为全面建成小康社会做出了重大贡献，为开启全面建设社会主义现代化国家新征程奠定了坚实基础。当前我国面临的主要问题是如何防止返贫和将脱贫攻坚成果与乡村振兴战略有效衔接。因此本书将农村贫困居民的基本生存需求作为农村居民基本养老保险保障的下限，将小康社会人民生活的基本需求作为社会保障的努力目标。

本书研究我国农村居民社会养老保险的基本需求及替代率主要从农村居民基本生活需求的角度进行测算，通过宏观、中观和微观三个层面分别测算农村居民基本生活需求和农村居民基本养老保险的替代率。其中，宏观层面采用统计年鉴数据，反映全国平均和基本情况；中观层面采用CHIPS2013调研数据，反映全国15个省份的情况；微观层面采用调研和相关文献数据进行说明。由于数据获取限制，本书在获得不同年份的数据时会根据GDP增长率及收入增长率等进行相应的调整。

## 4.2 农村居民基本生活需求及养老金测算
## ——中观和微观层面

### 4.2.1 农村居民基本生活需求下限测算——贫困地区

精准扶贫思想是我国为了改善民生、全面建成小康社会提出的重要顶层设计，体现了社会主义实现共同富裕的本质要求。我国政府经过多年的努力扶贫减贫效果举世瞩目，脱贫攻坚战取得决定性成就。根据《中华人民共和国2020 年国民经济和社会发展统计公报》，按照每人每年生活水平 2300 元（2010 年不变价）的现行农村贫困标准计算，551 万农村贫困人口全部实现脱贫。党的十八大以来，9899 万农村贫困人口全部实现脱贫，贫困县全部摘帽，绝对贫困历史性消除。全年贫困地区农村居民人均可支配收入 12588 元，比上年增长 8.8%，扣除价格因素，实际增长 5.6%。

中国农业科学院农业信息研究所的研究团队 2015 年 8 月调研了陕西省的镇安、洛南，云南省的武定、会泽，贵州省的盘县、正安 6 个贫困县，共计 114 个村获得 1368 份有效问卷。抽样采用两阶段 PPS 抽样法。每个县抽取 19 个村 228 户，6 个县共抽取 114 个村 1368 户，总人数 4986 人。其中，老年组（家庭成员全部为 60 岁及以上的老人）合计 152 户，266 人；混合组（家庭成员中包括 60 岁以下的人，但不包括全部为 60 岁以上的家庭）合计 1216 户，4423 人。食物消费包括谷物、豆类、薯类、蛋奶类、水产品、蔬菜水果、食用油等主要生活食品。

根据调研可知，2015 年陕西、云南和贵州的 6 个贫困县农村居民的人均食物消费为 3358.3 元，每月的人均食物消费为 279.9 元；老年组人均食物消

表 4 - 2　2015 年 6 个贫困县农村居民生活消费支出

| 年龄 | 户数 | 人数 | 年食物人均消费（元） | 月食物人均消费（元） | 全年人均生活支出（元） | 月均生活支出（元） | 食物支出占比（％） |
|---|---|---|---|---|---|---|---|
| 老年组 | 152 | 266 | 2039.7 | 170.0 | 2938.2 | 244.8 | 69.4 |
| 混合组 | 1216 | 4423 | 3331.9 | 277.7 | 4708.6 | 392.4 | 70.8 |
| 全部 | 1368 | 4986 | 3358.3 | 279.9 | 4747.4 | 395.6 | 70.7 |

费为 2039.7 元，每月的人均食物消费为 170 元；混合组人均食物消费为 3331.9 元，每月的人均食物消费为 277.7 元。老年组的平均食物消费低于混合组的食物消费，说明老年人的食物消费和中青年人的食物消费有一定的差别。生活消费支出每年人均支出为 4747.4 元，每月人均为 395.6 元；老年组人均消费为 2938.2 元，每月的人均消费为 244.8 元；混合组人均消费为 4708.6 元，每月的其他消费为 392.4 元。

如图 4 - 1 所示，老年组的食物占总消费的 69.42%，略低于混合组的 70.76% 和全部成员的 70.74%，说明调研贫困县地区农村居民主要的生活消费为食物消费，因此满足老年人的食物消费显得更为重要，是保证贫困地区人民生活水平的重要一环。如果以满足贫困地区老年人的食物消费为最低要求，我国农村居民社会养老保险在 2015 年至少应达到 170 元（每人每月），2040 元（每人每年），这样在贫困地区养老金对居民基本生活消费的替代率可以达到 70%。由第 3 章的研究可知，全国大部分地区的基础养老金尚达不到太高的替代率，但是各地区有针对老年人的各项补贴，与养老金一起能够保证贫困老年人的基本生活。

根据 2015 年调研地区的平均基础养老金计算，贫困地区对老年人食物消费的基础养老金替代率可以达到 43.1%，消费支出替代率为 30%；按全部人口平均计算，基础养老金的食物支出替代率为 26.2%，消费支出替代率为 18.5%。所以，本书认为 2015 年农村居民基本养老保险的基础养老金替代率为 18.5% ~ 30%，如要达到 50% 的替代率，在 2015 年养老金应达到 1469 ~

2373 元每人每年的水平，并根据物价等指标及时调整。

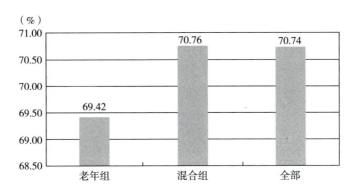

图 4-1　贫困县居民食物消费占总消费比重

表 4-3　贫困地区基础养老金替代率

| 年龄 | 全年食物人均消费（元） | 全年人均生活支出（元） | 基础养老金（元） | 食物替代率（%） | 支出替代率（%） |
|---|---|---|---|---|---|
| 老年组 | 2039.7 | 2938.2 | 880 | 43.1 | 30.0 |
| 混合组 | 3331.9 | 4708.6 | 880 | 26.4 | 18.7 |
| 全部 | 3358.3 | 4747.4 | 880 | 26.2 | 18.5 |

资料来源：调研数据和统计数据。

此外，考虑到贫困县老年人在失去劳动能力之后只能靠养老金收入生活，养老金的最低标准应接近或达到贫困线收入指标。根据我国贫困线标准，目前贫困线以每人每年生活水平 2300 元（2010 年不变价）为基准，所以本书测算的 2373 元是比较接近 2300 元的指标，可以认为是农村居民基本养老保险养老金的合理下限。

## 4.2.2　农村居民基本生活需求及养老金测算——以小康社会为标准

"小康"在我国古代思想家的描述中最早出现于《礼记》，表现的是对于

"大同"社会生活宽裕的追求。小康社会描绘出一幅黎民百姓对殷实、宽裕的社会理想画卷。有学者认为，小康社会是处在温饱和富裕之间的社会发展状态。当前，对小康社会的理解要将生活水平和一些更具理论内涵的概念结合起来理解，应体现出其社会、经济全面协调发展的新内涵。小康社会的发展目标包含普通百姓的生活目标、政治发展目标、经济发展目标以及社会发展目标。因此，小康社会应该是一个生活殷实、文化繁荣、政治民主、经济发展、社会和谐、环境优美、人民安居乐业和综合国力强盛的新概念，是中华民族走向伟大复兴的社会发展阶段。

我国在改革开放转型之后，正式跨入全面建设小康社会阶段。小康社会已成为改革开放战略之一。邓小平在规划中国社会发展蓝图时提出了小康社会的概念。小康社会的提出明确了我国现代化建设的目标。全面小康社会是指不仅要解决温饱问题，而且要从政治、经济、文化等方面来满足城乡发展的需要。在党的十六大报告中，从经济、政治、文化、可持续发展等各方面对全面建设小康社会的具体内容进行了界定，特别将可持续发展能力的要求包括在内。党的十八大报告首次正式提出全面"建成"小康社会，根据我国经济社会发展实际和新的阶段性特征，在党的十六大、十七大确立的全面建设小康社会目标的基础上，提出了一些更具明确政策导向、更加针对发展难题、更好顺应人民意愿的新要求，以确保到2020年全面建成的小康社会，是发展改革成果真正惠及十几亿人口的小康社会，是经济、政治、文化、社会、生态文明全面发展的小康社会，是为实现社会主义现代化建设宏伟目标和中华民族伟大复兴奠定了坚实基础的小康社会。根据中国特色社会主义五位一体总体布局，本书从五个方面充实和完善了全面建成小康社会的目标，在发展平衡性、协调性、可持续性明显增强的基础上实现两个"倍增"，即国内生产总值和城乡居民人均收入比2010年翻一番。

根据小康社会的收入标准，可以对农村老年人的基本生活需求做一个合理的推断，以此确定小康社会标准下农村老年人的养老金需求。按照小康社会标准，2020 年农村居民平均收入应达到 11838 元，根据统计数据可知，2019 年农村居民人均可支配收入达到了 16678.2 元，已经达到了小康标准。因此，在此条件下农村居民的消费水平可以体现小康标准下的生活需求。根据《中国统计年鉴》（2020），农村居民人均消费支出为 13327.7 元，农村老年人的消费按照平均标准的 60% 计算，为 7996.62 元。

按照农村老年人消费支出的 40% 替代率计算，基本社会养老保险应该在3198 元（每人每年），266.5 元（每人每月）；按照消费支出的 50% 替代率计算，基本社会养老保险应该在 3998 元（每人每年），333.2 元（每人每月）。

### 4.2.3　农村居民基本生活需求及养老金测算——基于调研数据

#### 4.2.3.1　三省六县调研

西安交通大学 2010 年 6~8 月对新型农村社会养老保险制度试点进行了调查研究，对试点地区分为东中西三个区域，多阶段分层整群随机抽样选取三省六县，分别为陕西省宝鸡市陈仓区、陕西省商洛市商南县、河南省开封市通许县、河南省南阳市西峡县、江苏省南京市高淳县、江苏省苏州市常熟市，取得有效样本 5031 份。该项调查抽样方法科学、范围覆盖广、样本量较大、问卷设计详细，对调研过程和结果都有严格控制，是一次对农村社会养老保险新农保阶段的详细调研，能够较为全面具体地反映实际情况，且对全国新农保试点有较强的代表性，是珍贵的参考资料。

根据表 4-4 可知，在 2010 年：

（1）调研地区的参保率都在 77% 以上，参保情况较好。

（2）调研地区的平均养老金在 690 元（每人每年）以上，其中江苏省常熟市的养老金已经高达 5636.88 元（每人每年），即为 975.53 元（每人每月），而中位数也达到 3420 元（每人每年），285 元（每人每月），这在新农保政策刚刚实施不到一年的阶段是非常高的金额，即便在 2016 年经过几次调整之后，全国能达到这个标准的地区也比较少。经查，江苏常熟的养老金补助金额和参保水平都比较高。与较高养老金相对应的是较高的替代率，江苏常熟的平均养老金收入替代率和支出替代率都达到了40%以上，对支出替代率更高达57.39%，远远超过了同省份的高淳县（7.20%，9.49%）。其他四个地区的收入替代率和支出替代率均在30%以下。

表4-4　2010年新农保三省六县调研数据

| 地点 | 陕西省宝鸡市陈仓区 | 陕西省商洛市商南县 | 河南省开封市通许县 | 河南省南阳市西峡县 | 江苏省南京市高淳县 | 江苏省苏州市常熟市 |
|---|---|---|---|---|---|---|
| 村镇 | 16村 | 5镇16村 | 6镇24村 | 5乡镇 | 16村 | 5镇18村 |
| 调研户数 | 831 | 835 | 846 | 840 | 844 | 835 |
| 参保率（%） | 77.53 | 82.91 | 88.12 | 78.91 | 83.68 | 99.01 |
| 平均养老金（元/年） | 729.96 | 691.50 | 720.00 | 720.00 | 720.36 | 5636.88 |
| 养老金期望值（元/年） | 3021.84 | 3476.64 | 2098.08 | 2703.24 | 4992.00 | 11694.36 |
| 人均纯收入（元/年） | 4904.00 | 2998.00 | 5062.00 | 5514.00 | 10006.00 | 12985.00 |
| 农村居民人均生活消费支出（元/年） | 3557.00 | 2427.00 | 3586.47 | 3540.00 | 7587.70 | 9822.00 |
| 平均养老金收入替代率（%） | 14.88 | 23.07 | 14.22 | 13.06 | 7.20 | 43.41 |
| 平均养老金支出替代率（%） | 20.52 | 28.49 | 20.08 | 20.34 | 9.49 | 57.39 |
| 期望养老金收入替代率（%） | 61.62 | 115.97 | 41.45 | 49.03 | 49.89 | 90.06 |
| 期望养老金支出替代率（%） | 84.95 | 143.25 | 58.50 | 76.36 | 65.79 | 119.06 |
| 收入替代率差值（%） | 46.73 | 92.90 | 27.22 | 35.97 | 42.69 | 46.65 |
| 支出替代率差值（%） | 64.43 | 114.76 | 38.42 | 56.02 | 56.30 | 61.67 |

资料来源：西安交通大学调研数据及本书计算。

（3）调研地区农村居民对养老金的期望情况有较大的差距。陕西省商南县期望的养老金已经超过了人均纯收入，期望养老金收入替代率高达115.97%，这可能与商南县较低的平均养老金绝对值（691.5 元/人/年）有关，较低的养老金使得人民有了更高的期待。而江苏常熟的农村居民由于收入较高对养老金的期望也比较高，希望能达到 90% 的收入替代率。陕西陈仓，河南通许、西峡，江苏高淳对养老金的期待比较居中，期望养老金收入替代率在 40%~60%，属于较为理性的期待值。总体而言，农村居民对养老金收入替代率的期待值要比实际值高出 27% 以上，对支出替代率的期待值要比实际值高出 38.42% 以上。2010 年我国农村居民（以陕西陈仓，河南通许、西峡，江苏高淳为例计算）对养老金替代率的期待值平均为 3204 元（每人每年），实际平均值为 722 元（每人每年），差值为 2481 元。根据第 4.2.2 节中的研究，按照人均消费的 40% 替代率计算，基本社会养老保险应该在 3198 元（每人每年），266.5 元（每人每月），说明我国农村居民的期望与小康社会的标准比较接近。

### 4.2.3.2　CHIPS 调研

为了追踪中国收入分配的动态情况，中国家庭收入调查（CHIP）已经相继在 1989 年、1996 年、2003 年、2008 年和 2014 年进行了五次入户调查，分别收集了 1988 年、1995 年、2002 年、2007 年和 2013 年的收支信息，以及其他家庭和个人信息。2014 年 7~8 月，中国居民收入项目进行了第五轮全国范围调查，主要收集了 2013 年全年的收入和支出信息，命名为 CHIP2013。CHIP2013 的样本来自国家统计局 2013 年城乡一体化常规住户调查大样本库。后者覆盖全部 31 个省（市、自治区）的 16 万户居民。根据说明，项目组采用系统抽样方法，按照东、中、西分层抽取得到 CHIP 样本。样本覆盖了 15 个省份的 126 个城市，住户样本数为 18948，个体样本为 64777 个。本书研究中使用的是其中 11013 户农村住户样本。

根据表 4-5 可知，由 CHIPS2013 调研数据计算的农村居民生活消费支出每户平均为 25784.17 元/年，人均支出为 6988.7 元/年，食物支出户均 9369.9 元/年，人均支出 2539.7 元/年。根据 15 省平均养老金收入 985.26 元/年计算，养老金对消费支出的替代率为 14.1%，对食物支出的替代率为 38.8%。

表 4-5　消费支出和食物支出替代率

| 变量 | 观察数 | 平均值 | 方差 | 最小值 | 最大值 | 人均支出 | 替代率 |
| --- | --- | --- | --- | --- | --- | --- | --- |
| 消费支出（元/年） | 6166 | 25784.17 | 17962.01 | 1166.11 | 350639.4 | 6988.7 | 14.1% |
| 食物支出（元/年） | 6166 | 9369.90 | 5796.58 | 272.70 | 102894.9 | 2539.7 | 38.8% |

资料来源：CHIPS2013。

#### 4.2.3.3　山西省调研

2016 年 7~9 月对山西省晋中地区和晋南地区进行调研，采用随机抽样的方法，晋中地区选取清徐县、榆次区，晋南地区选取沁源县。问卷中设置关于农村老年人生活消费和食物消费的问题，以及对养老金的期待。

在调研地区的保险保障方面，对于商业保险的购买，有 15.1% 的居民购买了商业保险，大部分农村居民没有购买商业保险，说明商业保险的普及率不高，农村居民主要依靠社会保障。在养老保障方面，调研居民只有 5.4% 购买了商业养老保险，说明大部分农村居民主要的养老保障是农村居民基本养老保险，即城乡居民社会养老保险，也说明社会保障是除了农民个人收入和子女支持外的最主要老年生活来源，是否可以满足老年生活需求也显得非常重要。

如图 4-2 所示，对于目前的农村居民基本养老保险金占老人生活支出的比例，调研地区的农村居民的看法是：33.3% 的居民认为在 10% 以下，有 31.2% 认为在 10%~30%，所以有 64.5% 的农村居民认为养老金的支出替代率在 30% 以下。另外有 21.5% 的居民表示不清楚。

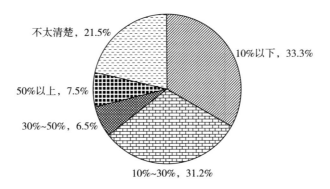

**图4-2 农村居民基本养老保险占老人生活支出比例**

如图4-3所示,对于目前国家提供的和自己购买的保险能否满足保障需求,调研地区的农村居民表示:21.5%的居民认为完全不能,43%的居民认为不太能,20.4%的居民认为一般,只有1.1%的居民认为完全可以。所以有64.5%的居民认为当前的社会保障和保险都不能满足个人的保障需求,农村居民的个人保障还有很大提高的余地。

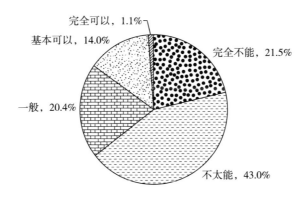

**图4-3 保险的保障程度**

如表4-6所示,对调研地区居民进行老年人支出调研发现,60岁以上老年人一年的食物支出在2100~2162元,生活支出在5700~5999元。调研地区

2016 年的平均养老金为每人 1227.6 元，对老人食物支出的替代率大约为 57%，对老人生活支出的替代率大约为 21%。

表 4 – 6　老人食物和生活支出的替代率　　单位：元/年,%

|  | 观察量 | 个数 | 平均值 | 标准差 | 最小值 | 最大值 | 替代率 |
|---|---|---|---|---|---|---|---|
| 所有家庭 | 老人食物支出 | 279 | 2162.37 | 1132.515 | 500 | 5000 | 56.8 |
|  | 老人生活支出 | 279 | 5699.03 | 3627.555 | 1200 | 20000 | 21.5 |
| 老人家庭 | 老人食物支出 | 117 | 2100.00 | 1128.809 | 500 | 5000 | 58.5 |
|  | 老人生活支出 | 117 | 5998.97 | 4519.821 | 2000 | 20000 | 20.5 |

资料来源：调研数据。

但是，通过与第 4.2.1 节的比较发现，调研地区老人食物消费支出为 2100 元，比较接近贫困地区老人 2039.7 元的食物消费支出，但所调研地区并不是贫困地区。这说明不同地区的物价水平、支出结构等会有差异，从而造成食物支出的不同，例如调研地区中属于种植区（如清徐县）的农户并不会将个人种植的谷物、蔬菜计入生活成本范围内，所以造成了食物支出的低估。这部分调研反映的是可以自我提供部分农作物的农户的生活支出，理论上非常接近农村老年人的最低生活支出。但是实际情况中能够自我提供食物的区域和农户并不典型，尤其是随着城镇化的进程和农村劳动力的外流，很多农村地区也已经需要购买粮食和蔬菜并且价格并不便宜。

## 4.3　本章小结

本章对我国农村居民社会养老保险的需求替代率从宏观、中观和微观三个层次做了界定和测算。根据农村居民的生活支出和食物支出计算养老金替代率，得出的结论有：

（1）根据 2015 年调研地区的平均基础养老金计算，贫困地区对老年人食物消费的基础养老金替代率可以达到 43.1%，消费支出替代率为 30%；按全部人口平均计算，基础养老金的食物支出替代率为 26.2%，消费支出替代率为 18.5%。2015 年农村居民社会养老保险的基础养老金替代率为 18.5% ~ 30%，如要达到 50% 的替代率，在 2015 年养老金应达到 1469 ~ 2373 元（每人每年）的水平，并根据物价等指标及时调整。养老金的最低标准应接近或达到贫困线收入指标，2373 元是比较接近 2300 元的指标，可以认为是农村居民基本养老保险的合理下限。

（2）根据小康社会标准，按照农村老年人平均消费的 40% 替代率计算，基本社会养老保险应该在 3198 元（每人每年），266.5 元（每人每月）；按照农村老年人平均消费的 50% 替代率计算，基本社会养老保险应该在 3998 元（每人每年），333.2 元（每人每月）。

（3）根据调研，农村居民对养老金收入替代率的期待值要比实际值高出 27% 以上，对支出替代率的期望值要比实际高出 38.42% 以上。2010 年我国农村居民（以陕西陈仓，河南通许、西峡，江苏高淳为例计算）对养老金替代率的期待值平均为 3204 元（每人每年），实际平均值为 722 元（每人每年），差值为 2481 元。

由 CHIPS2013 调研数据计算的农村居民生活消费支出每户平均为 25784.17 元，人均支出为 6988.7 元，食物支出户均 9369.9 元，人均支出 2539.7 元。根据 15 省平均养老金收入 985.26 元计算，养老金对消费支出的替代率为 14.1%，对食物支出的替代率为 38.8%。

对山西农村居民进行老年人支出调研发现，60 岁以上老年人一年的食物支出在 2100 ~ 2162 元，生活支出在 5700 ~ 5999 元。调研地区 2016 年的平均养老金为每人 1227.6 元，对老人食物支出的替代率大约为 57%，对老人生活支出的替代率大约为 21%。

（4）测算了农村老年居民的平均消费支出和基本生活需求，并计算了基础养老金的替代情况，发现基础养老金对农村居民的平均消费支出替代率非常低，基础养老金和基本养老保险制度的保障作用都有待于加强。

# 第5章　农村居民基本养老保险的投资收益分析及比较

第3章和第4章分别测算了农村居民社会养老保险的保障程度和生活需求情况，农村居民社会养老保险的收入替代率并不是很高，也不能满足农村老年居民的基本生活需求。本章将从收益率的角度对农村居民基本养老保险制度进行分析。

## 5.1　基本假设理论

本章的分析建立在理性人假设和社会养老保险投资假设的基础上，假设农村居民符合理性人的特点，会根据投资收益选择不同的投资产品，而社会养老保险就是众多的投资选择之一。

### 5.1.1　理性人假设

理性经济人假设是经济学研究的基本假设之一，最早于亚当·斯密的《国富论》中提出，斯密认为决策者具有追求个人利益最大化的特征，在做决策时以个人效用最大化或者利润最大化为目标，体现了理性主义特征。经过西蒙的有限理性、社会文化人、行为科学和效率理论等批评，理性人的假定又得到了进一步的发展，并引入了目标多元化、个人偏好、理性选择困难和相机抉择等因素。

对于农村居民的经济行为，美国经济学家 T. W. 舒尔茨认为是具有理性的农户经济行为，而 J. 斯科特则坚持非经济理性的"生存小农"理论。在不同的背景下，农户的经济行为会有不同的表象，在满足生存需求后会转向理性行为。考虑到农户获取充分信息的困难程度，农户的理性更多地表现为有限理性，会受到社会、文化、乡俗等各方面的影响，其中政治宣传和引导的作用也很明显。社会动员常常被用来引导民众参加新制度，例如农村社会养老保障制度试点的阶段也做了大量的动员工作。动员的绩效常常立竿见影，新农保的普及率非常高，还提前 8 年实现了全覆盖。但如果忽视参与者本身需要，不符合社会成员的利益需求或者是社会成员本身并没有意识到符合自身利益需求，社会动员往往是无法持久的（吴忠民，2003），所以新农保的参与率出现了一定的下降，其参与程度也一直徘徊不前。由此可见，如果不能让政策参与者明确看到参与获得的利益，就可能会出现消极参与或者退出的情况，并不能通过政治权威得到好转。

钟涨宝等（2012）通过问卷调查研究了农户参保行为是理性的问题还是非理性的问题，研究发现农户在政策宣传下对农村养老保险制度有了一定的了解，但是缴费水平较低，参保年限也不长。这说明在信息没有完全对称之前，农村居民的行为体现出了有限理性，顺从或者跟随，但主动性不强，也不会深入参与。而随着农村居民对信息的掌握越来越多，信息越来越透明的情况下，如果他们发现社会保障制度并不能带来良好的收益，出于理性的角度，很可能会大规模退出参保。老农保的结束在很大程度上与收益程度不高有关。再加上农村居民社会养老保险基本上是自愿参保的制度，不像企业职工保险为强制参保的社会保险，农民具有较大的自主选择权，因此收益率是一个很重要的影响因素。因此，当前的制度设计必须体现出符合参保者经济利益的特点，这样才能在社会动员效果之外，从根本上让经济理性发挥主导作用。

本书的研究假设农民为理性人，在信息不充分的条件下，他们对若干年后的替代情况不是很清楚，但他们对养老保险的收益有较强的理解和感觉。他们的经济行为有一定的目的性，为了最大限度地获得收益，符合经济理性人的基本假设。

### 5.1.2　社会养老保险的投资假设

本章的第二个假设是农村居民基本养老保险具有投资性质。

农村居民基本养老保险是我国农村社会保障的重要组成部分，通过政府、集体和个人三方的筹资为农村居民的老年生活提供储备资金和保障。从设计层面而言，该项制度是在我国城乡二元经济结构下为农村居民设计的养老保障制度，主要体现的是社会保障性质，因此很少有学者将其作为投资讨论。

但是从投资的定义看，投资主体为获得未来可预见的收益在一定时期投入资金或者货币的行为可以定义为投资。社会养老保险是参保人为了在年老退休以后获得一定的收益和回报，在年轻的时候投放一定数额的资金的经济行为。从这个定义上看，社会养老保险也可以看作是一项投资。二者的区别在于社会养老保险有国家、企业、地方政府、集体等补助，普通的投资一般没有其他的补助。这里可以把相关补助看作是投资的红利。

## 5.2　农村居民投资理财情况调研

### 5.2.1　投资认知

为了了解农村居民对投资理财方式的认知，本书通过调研进行验证，设计了相关问题：①比较储蓄和社会保障的收益率；②家庭投资的方式；③是否认为农村居民基本养老保险是一种投资方式，是否划算。这些问题也能从侧面印证农民理性人和社会保障投资性质的假设。

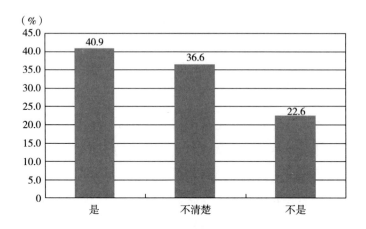

图5-1 农村居民基本养老保险的投资性质认知

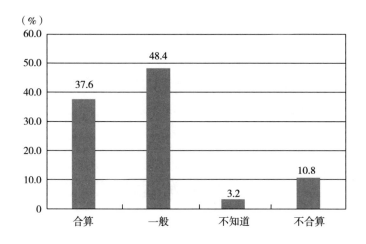

图5-2 农村居民基本养老保险收益认知

对于农村居民基本养老保险是否具有投资性质，有40.9%的农村居民认为是投资，有 36.6% 的农户表示不清楚，有 22.6% 的农户认为不是投资。这说明有较大比例的农村居民认可农村居民基本养老保险的投资性质，也会从投资收益的角度考虑参保深度。

对于农村居民基本养老保险的收益情况（是否合算），农村居民有本能的感觉，有 37.6% 的农户认为合算，有 48.4% 的农户认为一般，有 3.2% 的农户不知道，只有 10.8% 的农户认为不合算。这说明农村居民对于农村居民基本养老保险的收益有一定的判断，体现出农户的理性思考。

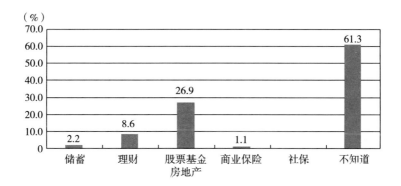

图 5 - 3　投资理财方式收益认知——收益最高

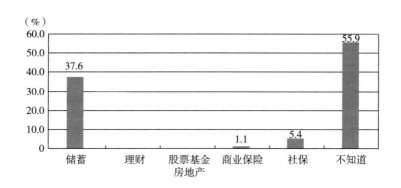

图 5 - 4　投资理财方式收益认知——收益最低

如图5-3、图5-4所示，对于投资理财方式的收益认知，有61.3%的农户不清楚收益最高的方式，有26.9%的农户认为股票基金房地产的收益最高，8.6%的农户认为理财收益最高；有55.9%的农户不清楚收益最低的投资理财方式，有37.6%的农户认为储蓄的收益最低，有5.4%的农户认为农村居民基本养老保险的收益最低。

由此可见，农村居民对投资理财有本能和经验的感知和判断，对于农村社会养老保障的收益认可程度要高于储蓄。另外还有60%左右的农户对投资收益情况比较模糊，因此在选择参保档次的时候对高档次比较犹豫，且需要进一步的引导。由此可见，加大宣传力度、提供清晰明了的收益预测有助于农户提高投资认知。

但是农户对于自己的社会保障投入收益了解并不清晰，有61.3%的农户不知道60岁以上的老人每个月可以领多少养老金，有38.7%的农户知道或者大概知道60岁以上的老人可以领到多少养老金（见图5-5）。但是对于自己60岁以后能领到多少养老金，调研农户都表示并不清楚，猜测应该比现在的多。说明农村居民对农村居民基本养老保险的收益情况了解程度差，仅仅凭借本能的感知来推断。

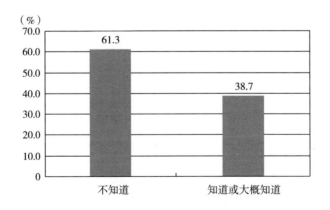

图5-5 农户对养老金收入了解情况

## 5.2.2　风险认知

对于投资方式的选择，除了收益之外，必须考虑的一个重要因素是风险。我国农村居民大多具有保守谨慎的特点，对于投资方式比较慎重，他们倾向于选择风险较小、比较信任的投资方式，以最大程度保全财产并获得收益。

我国农村居民基本养老保险是政府主导的社会保障方式，对政府的信任程度会影响到农户对社会保险的认可程度和参与深度。根据农村居民对政府的信任程度调研可知，有39.8%的农户对政府比较信任，有21.5%的农户对政府非常信任，合计61.3%的农户对政府的信任程度较高；仅有3.2%的农户表示不信任（见图5-6）。这说明农村居民对政府信任度较高，从而对政府的相关政策也比较信任，这是农村居民社会养老保险的信任基础，从对农村居民基本养老保险的信任程度调研中也能反映出相同的情况。

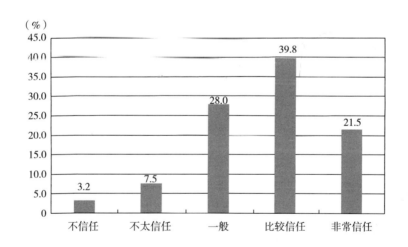

**图5-6　农村居民对政府的信任程度**

调研农户对于农村居民基本养老保险的信任情况显示，有21.5%的农户担心能不能按时按量领取养老金，有8.6%的农户担心缴的养老金是否会被挪用，有12.9%的农户担心物价上涨后领到的养老金用处不大，但是过半数（57%）的农户表示并没有担心（见图5－7）。

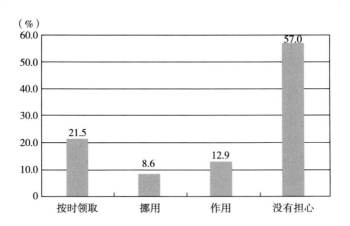

**图5－7 农村居民基本养老保险信任程度**

调研农户对于投资方式的风险认知显示，有57%的农户对于风险最大的投资方式没有认知，有38.7%的农户认为股票基金房地产的风险最大，有4.3%的农户认为理财的风险最大；有48.4%的农户对于风险最低的投资方式没有认知，有49.5%的农户认为储蓄的风险最低，有2.2%的农户认为社会养老保险的风险最低（见图5－8、图5－9）。

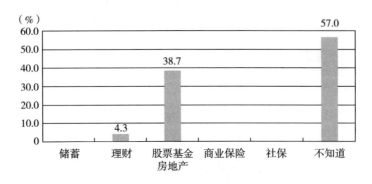

**图5－8 投资方式的风险认知1**

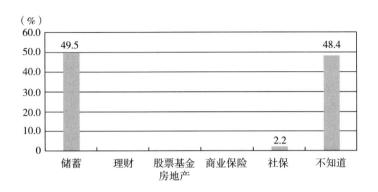

**图 5 - 9　投资方式的风险认知 2**

农户的认知是基于其投资理财方式的，在其能考虑到或者拥有的方式中进行比较。由此可知，农户认为储蓄的风险低于社会养老保险，这是农户第一认可的投资理财方式，而农户同样认可社会养老保险的低风险，且具有较高的信任度。投资风险和收益基本上成反比，要提高社会养老保险的参与深度，还需要继续提高补助和支持力度。

## 5.2.3　投资方式

本书对农户的主要投资方式进行了调研，主要关注以下两个问题：①农户的主要理财方式；②农户的理财方式中储蓄所占的比例。

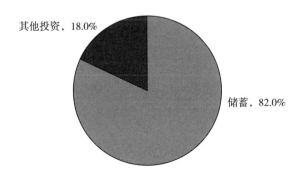

**图 5 - 10　投资方式**

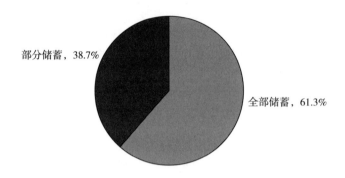

图 5 – 11　储蓄比例

根据本书调研数据，农村居民的投资理财中有 82% 的储蓄，有 18% 用于其他投资，其中有 61.3% 的家庭全部用于储蓄，38.7% 的家庭有其他的投资理财方式。农户的投资方式与其对投资和风险的认知基本对应，由于大部分农户对投资理财的认知不太清晰，所以他们大都选择了最基本风险最低的储蓄方式。这样的选择体现了农村居民在面对未知风险的理性人特征，但是不利于农户对抗通货膨胀物价上涨风险。因此需要加大宣传和正确引导，帮助农村居民选择可承受范围内的社会保障，提高对抗通胀能力和社会保障程度。

## 5.3　农村居民基本养老保险收益率测算及比较

从投资理财方式来讲，主要有银行储蓄、理财产品、股票基金、房地产、民间贷款等。调研中发现农村居民的理财方式根据地区的不同有很大的差异性，在经济情况较好、金融体系较发达的地区，尤其是省会城市及周边农村，农村居民的理财方式比较多样，各种投资都会有所涉及。尤其在银行利率持续降低的情况下，民间借贷非常活跃，甚至有一部分农村居民将大部分资产用于民间借贷。而在经济情况较差或者信息闭塞的地区，农村居民的理财方式主要是储蓄，甚至没有储蓄。

投资的评价一般从风险和收益两个角度进行。考虑到风险的层面，股票基金、房地产和民间借贷与社会养老保险没有可比性，能比较的只有银行储蓄和理财产品两个投资方式。其中，理财产品是比银行储蓄收益略高、时间更为灵活、风险略大的投资方式，因此可以视为升级版的银行储蓄，将二者统称为银行储蓄，分为三个级别测算。

### 5.3.1　农村居民基本养老保险收益率测算

对于任何一项投资都需要评价其投资收益和风险情况，好的投资应该是预期收益和风险的最佳搭配选择。股票的持有期收益率（Holding – Period Return，HPR）取决于投资期间股票价格上涨或者下跌的程度以及一些其他的附带收益。

持有期收益率 =（期末价格 – 期初价格 + 现金股利）/期初价格

对于一个项目的评价方法主要是现金流折现法，包括净现值法（NPV）和内含报酬率法（IRR），此外还有回收期法和会计报酬率法等辅助方法。

净现值法和内含报酬率法的计算公式比较接近，但通常认为内含报酬率（IRR）更能反映投资项目的真实报酬。

净现值法的计算公式为：

$$净现值 = \sum_{k=0}^{n} \frac{I_k}{(1+IRR)^k} - \sum_{k=0}^{n} \frac{O_k}{(1+IRR)^k}$$

其中，$n$ 是项目年限；$I_k$ 是第 $k$ 年的现金流入量；$O_k$ 是第 $k$ 年的现金流出量；$i$ 是资本成本。

内含报酬率是指投资项目的净现值为零时的折现率，计算时先假设净现值为 0，然后通过插值法计算 $IRR$：

$$净现值 = \sum_{k=0}^{n} \frac{I_k}{(1+IRR)^k} - \sum_{k=0}^{n} \frac{O_k}{(1+IRR)^k} = 0$$

其中，$n$ 是项目年限；$I_k$ 是第 $k$ 年的现金流入量；$O_k$ 是第 $k$ 年的现金流出量；$IRR$ 是内部报酬率。内含报酬率的优点是非常注重货币时间价值，能从动态角度直接反映投资项目的实际收益水平，且不受行业基准收益率高低的影响，比较客观。内含报酬率的缺点是该指标的计算过程十分复杂。

《指导意见》和合并后的指导文件中规定，农村居民社会养老保险是通过每年缴纳一定的保费达到一定年限后可以领取养老金。因此可以视为一项投资项目，缴费年限为投资年限，缴费金额为每期投入，不同的补贴和补助为相应的收益和红利。

根据第 3 章中养老保险个人账户的收入积累公式：

$$M_{收} = CW(1+r)^m + CW(1+k)(1+r)^{m-1} + \cdots CW(1+k)^{m-1}(1+r) =$$

$$CW(1+r)\frac{(1+r)^m - (1+k)^m}{r-k}$$

其中，缴费基数为 $W$，增长率为 $k$，个人缴费与政府补贴合计缴费档次为 $C$，参保年限为 $m$，收益率为 $r$。

以农村居民 61 岁为界，从 61 岁开始每年可以领取养老金，每年的现金流入量为 $I_k$，则可以表示为：$I_k = \left(\dfrac{M_{收}}{139} + S_{补贴}\right) \times 12$。

居民在 61 岁之前每年的现金支出为 $O_k$，$O_k = A + B = CW + C'W'$。

其中，$A$ 表示个人选择的缴费档次，每年从 100 元到 2000 元不等；$B$ 表示政府每年的补贴，100~400 元档次为 30 元/人/年，500~2000 元档次为 60 元/人/年。

根据农村居民基本养老保险的不同档次和不同收益率，可以计算农村居民基本养老保险制度的内部报酬率。按照赵建国（2013）的计算方法，本书对农村居民基本养老保险的内部收益率进行了测算，并在此基础上分别计算了国家补贴和个人缴费的合计内部报酬率 IRR1、个人缴费的内部报酬率 IRR2。

由表 5 - 1 可知，缴费档次越低，养老保险的内部收益率越高，100 元和 200 元档次的内部报酬率都在 10% 以上，优势非常明显。其中，个人缴费的内部报酬率还要略高于整体的报酬率，因为有国家补贴的部分，实际上的个人投资收益会更高。以上的计算是按照 139 个月的计发系数，而随着年龄的增长，养老保险金的领取没有上限，内部报酬率将越来越高。

表 5-1  农村居民基本养老保险内部报酬率（按照缴费 15 年，领取 12 年）

| 缴费档次 | 2.50% | | 4.00% | | 5.00% | |
| (元) | IRR1 | IRR2 | IRR1 | IRR2 | IRR1 | IRR2 |
|---|---|---|---|---|---|---|
| 100 | 14.306% | 16.414% | 14.513% | 16.623% | 14.665% | 16.777% |
| 200 | 10.910% | 12.008% | 11.220% | 12.320% | 11.445% | 12.546% |
| 300 | 9.060% | 9.801% | 9.447% | 10.189% | 9.725% | 10.469% |
| 400 | 7.865% | 8.423% | 8.311% | 8.871% | 8.631% | 9.192% |
| 500 | 6.811% | 7.682% | 7.319% | 8.192% | 7.679% | 8.554% |
| 600 | 6.226% | 6.955% | 6.771% | 7.502% | 7.156% | 7.889% |
| 700 | 5.765% | 6.393% | 6.341% | 6.971% | 6.747% | 7.379% |
| 800 | 5.392% | 5.943% | 5.995% | 6.548% | 6.419% | 6.973% |
| 900 | 5.084% | 5.575% | 5.710% | 6.203% | 6.149% | 6.643% |
| 1000 | 4.825% | 5.268% | 5.471% | 5.915% | 5.923% | 6.368% |
| 1500 | 3.971% | 4.267% | 4.687% | 4.985% | 5.185% | 5.483% |
| 2000 | 3.492% | 3.714% | 4.251% | 4.475% | 4.776% | 5.000% |

资料来源：本书计算。领取时间按照计发系数 139 个月，约为 12 年。

## 5.3.2  储蓄及理财收益率

农村居民社会养老保险的缴费阶段可以视为储蓄阶段，假设同期进行银行储蓄，并按一年期利率计算，按复利计算。到了 61 岁开始领取的阶段，可以将领到的养老金存入银行进行储蓄，也可以将储蓄取出来用于养老消费，61 岁以后两项投资视为相同。不同的地方在于根据 61 岁以后的余命，养老金领取时间会有不同，由此获得的收益也会不同。

### 5.3.2.1  储蓄利率

首先来看储蓄的收益情况，主要是由利率决定的。中国人民银行于 2015

年11月下调了金融机构的人民币存款基准利率，一年期存款利率调整为1.5%，具体调整情况如表5-2所示。

表5-2 金融机构人民币存款基准利率调整表（2015年10月24日）

单位:%

| 项 目 | 利 | 率 |
|---|---|---|
| | 2015年8月26日 | 2015年10月24日 |
| 一、活期存款 | 0.35 | 0.35 |
| 二、定期存款 | | |
| （一）整存整取 | | |
| 三个月 | 1.35 | 1.10 |
| 半 年 | 1.55 | 1.30 |
| 一 年 | 1.75 | 1.50 |
| 二 年 | 2.35 | 2.10 |
| 三 年 | 3.00 | 2.75 |
| （二）零存整取、整存零取、存本取息 | | |
| 一 年 | 1.35 | 1.10 |
| 三 年 | 1.55 | 1.30 |
| （三）定活两便 | 按一年以内定期整存整取同档次利率打六折执行 | 按一年以内定期整存整取同档次利率打六折执行 |
| 三、协定存款 | 1.15 | 1.15 |
| 四、通知存款 | | |
| 一 天 | 0.80 | 0.80 |
| 七 天 | 1.35 | 1.35 |
| 五、个人住房公积金存款 | | |
| 当年缴存 | 0.35 | 0.35 |
| 上年结转 | 1.35 | 1.10 |

资料来源：中国人民银行网站。

2016 年中国银行业协会①首次发布了中国前 100 家银行排名榜单。这项排名是根据一级资本净额的排序，体现了银行核心资本的实力和银行业的综合实力，是一份科学客观的参照标准，其中前 10 家银行排名如表 5 – 3 所示。

表 5 – 3 2016 年中国前 10 家银行排名（以核心一级资本净额排序）

单位：元

| 排名 | 机构名称 | 核心一级资本净额 | 资产规模 | 净利润 |
|---|---|---|---|---|
| 1 | 中国工商银行 | 17014.95 | 222097.80 | 2777.20 |
| 2 | 中国建设银行 | 14081.27 | 183494.89 | 2288.86 |
| 3 | 中国银行 | 11823.00 | 168155.97 | 1794.17 |
| 4 | 中国农业银行 | 11246.90 | 177913.93 | 1807.74 |
| 5 | 交通银行 | 5184.87 | 71553.62 | 668.31 |
| 6 | 招商银行 | 3474.34 | 54749.78 | 580.18 |
| 7 | 中信银行 | 3161.59 | 51222.92 | 417.40 |
| 8 | 中国民生银行 | 3068.73 | 45206.88 | 470.22 |
| 9 | 兴业银行 | 2890.36 | 52988.80 | 506.50 |
| 10 | 上海浦东发展银行 | 2881.95 | 50443.52 | 509.97 |

根据中国人民银行 2017 年对存款利率的调整，定期存款一年期利率为 1.5%，三年期利率为 2.75%。根据全国前 10 大银行存款利率来看，五年期利率中最高的是兴业银行，为 3.2%；三个月利率中最高的是中信银行和浦发银行，为 1.5%。另外，结合全国其他银行的情况来看，泉州银行定期存款利率最高，一年期存款利率为 2.52%，三年期存款利率为 3.9%，五年期存款利率为 4.225%。所以国内银行的最高利率在 5% 以下，主要银行均值在 1.36% ~ 2.83%。如果要用储蓄与养老保障进行比较，应该以较长时间的储蓄利率进行比较，这里可以认为长期存款利率基本维持在 2.5% ~5%（见表 5 –4）。

---

① http：//www.zgyhy.com.cn/zixun/2016 – 08 – 23/2758.html。

表 5 – 4　2017 年各大银行利率表　　　　　　　　单位:%

| 银行/基准利率 | 活期年利率 | 定期存款年利率 | | | | | |
|---|---|---|---|---|---|---|---|
| | | 三个月 | 六个月 | 一年 | 二年 | 三年 | 五年 |
| 人民银行 | 0.35 | 1.10 | 1.30 | 1.50 | 2.10 | 2.75 | — |
| 中国工商银行 | 0.30 | 1.35 | 1.55 | 1.75 | 2.25 | 2.75 | 2.75 |
| 中国建设银行 | 0.30 | 1.35 | 1.55 | 1.75 | 2.25 | 2.75 | 2.75 |
| 中国银行 | 0.30 | 1.35 | 1.55 | 1.75 | 2.25 | 2.75 | 2.75 |
| 中国农业银行 | 0.30 | 1.35 | 1.55 | 1.75 | 2.25 | 2.75 | 2.75 |
| 交通银行 | 0.30 | 1.35 | 1.55 | 1.75 | 2.25 | 2.75 | 2.75 |
| 招商银行 | 0.35 | 1.35 | 1.55 | 1.75 | 2.25 | 2.75 | 2.75 |
| 中信银行 | 0.30 | 1.50 | 1.75 | 2.00 | 2.40 | 3.00 | 3.00 |
| 中国民生银行 | 0.30 | 1.40 | 1.65 | 1.95 | 2.35 | 2.80 | 2.80 |
| 兴业银行 | 0.30 | 1.40 | 1.65 | 1.95 | 2.70 | 3.20 | 3.20 |
| 上海浦东发展银行 | 0.30 | 1.50 | 1.75 | 2.00 | 2.40 | 2.80 | 2.80 |
| 均值 | 0.31 | 1.36 | 1.58 | 1.81 | 2.31 | 2.82 | 2.83 |

资料来源：各大银行网站。

#### 5.3.2.2　理财收益

下面再看全国 10 大银行发行的银行理财产品的情况。图 5 – 12 中显示了全国十大银行截止到 2017 年 1 月出售的理财产品中谨慎稳健类型中的最高收益，另外还加入了支付宝的七日年化收益作为参考。支付宝的年化收益最低，但是具有随时支取的灵活性。由此可知，银行理财类产品的收益率在 3.65% ~ 5.7%，平均收益率为 3.65%。

银行理财类产品的收益率比定期储蓄的收益率略高，平均收益低于 4%，保本和谨慎型的理财也具有相当的稳健性，可以认为比较可靠。为便于比较，在内部报酬率比较中，将银行理财视为收益率为 4% 左右的银行储蓄。

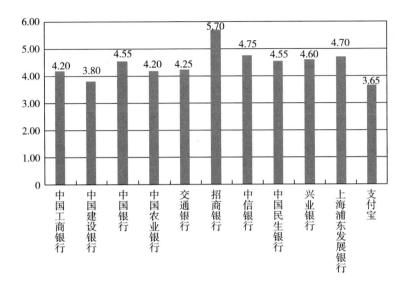

**图 5-12 理财收益情况**

### 5.3.2.3 内部报酬率

银行储蓄利率按 2.5%、4% 和 5% 计算，其中，按照个人储蓄和领取基础养老金的收益计算结果为 IRR3，仅按照个人储蓄计算的内部报酬率为 IRR4。

根据表 5-5 可知，如果居民选择储蓄并且不缴费还能领取基础养老金的情况下，内部报酬率与参保情况差不多，在低档次的时候略高于参保，高档次的时候略低于参保；而如果农民不缴费就不能领取基础养老金，仅仅储蓄的内部报酬率要远远低于农村居民基本养老保险。随着人民平均寿命的延长，这种差异将更加明显。

**表 5-5 储蓄内部报酬率（按照 15 年储蓄，12 年领取）**

| 缴费档次（元） | 2.50% | | 4.00% | | 5.00% | |
|---|---|---|---|---|---|---|
| | IRR3 | IRR4 | IRR3 | IRR4 | IRR3 | IRR4 |
| 100 | 16.007% | 1.591% | 16.152% | 2.416% | 16.258% | 2.977% |
| 200 | 11.638% | 1.591% | 11.882% | 2.416% | 12.058% | 2.977% |

续表

| 缴费档次<br>（元） | 2.50% | | 4.00% | | 5.00% | |
|:---:|:---:|:---:|:---:|:---:|:---:|:---:|
| | IRR3 | IRR4 | IRR3 | IRR4 | IRR3 | IRR4 |
| 300 | 9.456% | 1.591% | 9.772% | 2.416% | 10.000% | 2.977% |
| 400 | 8.096% | 1.591% | 8.469% | 2.416% | 8.736% | 2.977% |
| 500 | 7.154% | 1.591% | 7.573% | 2.416% | 7.870% | 2.977% |
| 600 | 6.459% | 1.591% | 6.914% | 2.416% | 7.237% | 2.977% |
| 700 | 5.922% | 1.591% | 6.408% | 2.416% | 6.751% | 2.977% |
| 800 | 5.494% | 1.591% | 6.007% | 2.416% | 6.367% | 2.977% |
| 900 | 5.145% | 1.591% | 5.679% | 2.416% | 6.055% | 2.977% |
| 1000 | 4.853% | 1.591% | 5.407% | 2.416% | 5.796% | 2.977% |
| 1500 | 3.909% | 1.591% | 4.531% | 2.416% | 4.963% | 2.977% |
| 2000 | 3.391% | 1.591% | 4.053% | 2.416% | 4.512% | 2.977% |

资料来源：本书测算。

### 5.3.3　商业养老保险收益率

商业养老保险作为一种特殊的商业保险，其保险对象是人的生命或者人身，具体的模式为保险公司在被保人退休或者保期届满时按照合同规定向被保人支付养老金。商业养老保险有诸多途径，比如终身保险、两全保险、年金保险以及定期保险。商业养老保险不仅可以达到养老的目的，还可以作为一种强制的储蓄手段。

#### 5.3.3.1　商业养老保险类型

（1）传统型养老保险。传统的养老保险是由保险公司和被保险人签订合约，在合约中规定养老金开始领取的时间和额度。一般而言，该种养老保险的预定利率确定在2%～2.4%。但该利率也呈现波动，与当前银行利率保持同等水平。历史中，商业养老保险的利率曾经攀升至10%。

优势：固定收益，低风险。此类保险根据合同约定来计算回报利率，因此不受外部银行利率波动的影响。从而养老金的回报率即使在零利率或负利率时期也不会受到影响。虽然当前利率已经降到了3.9%左右，但20世纪90年代后期售出的一些老式产品仍按照合同约定以超过10%的利率支付养老金。

劣势：受通货膨胀的影响大。由于此类养老保险是固定利率，在通货膨胀率比较高的情况下贬值风险较高。同时，这部分资金进入养老保险，就失去了在股票、基金等途径盈利的投资机遇。

适用人群：以强制储蓄养老为主要目的，在投资理财方面更保守的人群。

（2）分红型养老保险。一般而言，该类养老保险有比传统养老险稍低用于保底的预定利率（1.5%~2.0%）。同时，分红型养老保险不仅可以获得固定利率的最低回报，同时每年还可以分得不确定的红利。

优势：分红型养老保险不仅有按照合约支付的最低回报，同时还有与保险公司经营业绩挂钩的资金收益，理论上通货膨胀对养老金的威胁可以回避或者部分回避，使养老金相对保值甚至增值。虽然该类保险的收益不高，但风险较低，比较稳定。

劣势：不确定性的分红模式，具体是保险公司的经营状况决定了红利的数量和是否存在，有可能是由于公司经营业绩不好造成自身损失。目前，保险公司可将70%的股息红利分配给投资者。然而，保险公司的标准化仍然是一个管理问题。

适用人群：不仅想保障养老金最低收益，还对更稳定的收益有期望的人群。

（3）万能型寿险。该类保险在扣除部分初始成本和保证费用后，保费存入个人投资账户，该部分资金一般为1.75%~2.5%的保障收入，部分银行与一年期定期税后利率有关。万能型寿险不仅满足约定的最低收益率，还提供不确定的"附加收益"。

优势：该保险的特点是不仅提供保底利率，而且还有每月公布结算的额外收入，该部分收入上不封顶，利率大多为5%~6%。额外收益按月结算，同时复利增长，因此银行利率波动和通货膨胀的影响对万能型寿险影响不大。万能型寿险的个人投资账户存取灵活，比较透明，因此更方便追加投资，同时养老保障可根据不同年龄阶段进行相应的变化。

劣势：该险种的收益计算基数是扣除部分初始费用和基本成本后的资金，虽然提供 1.75% ~2.5% 的保底收益，但是相对于计算基数是所有本金的银行储蓄，该险种的收益率较储蓄收益低。

适用人群：长期投资的理性投资理财者。

（4）投资连结保险。该险种本质上是基金的一种，作为长期投资的理财产品，投资连结保险设置了不同风险类型的账户，分别对应不同投资品种的收益。该险种没有保底收益，只收取账户管理费，客户自己承担盈亏。

优势：长期投资收益高。由专家理财选择投资品种，不同账户转换方便，可适应资本市场不同的形势。

劣势：投资风险最高，受短期波动影响大，有可能损失较大。

适用人群：适合以投资为主要目的的风险承受能力强的年轻人群，适合兼顾养老。

根据以上集中情况分析，目前与农村居民基本养老保险最为相似的是传统型养老保险，到一定年龄后可以定期领取一定的金额，但目前市场上单纯的传统型养老保险已经不常见，大多为带有投资理财性质的分红型保险。考虑到养老金运营的改革情况，社会养老保险通过入市等各种经营方式也会获得一定的收益，有分红的可能性，也具有了一定的分红保险的性质。

5.3.3.2 商业养老保险收益率分析

根据保监会 2016 年人身保险公司原保险保费收入情况，中国人寿、平安人寿和太平洋人寿排名前三位。这三大寿险公司都开发了一定的养老保险种类，但大都为分红型保险。世界卫生组织 2015 年版《世界卫生统计》中称，我国男性平均寿命为 74 岁，女性平均寿命为 77 岁，人均寿命为 76.1 岁，以此作为参考，按照 61 岁开始领取，领取约 16 年。

以中国人寿的国寿松鹤颐年年金保险（分红型）为例进行分析。以男性为例，从 40 岁开始缴费，每年缴费 100 元，缴费 20 年，从 60 岁开始领取养老金，到 74 岁为止领取 2000 元的身故保险金，缴纳保费和生存给付情况如表 5-6 所示。

表 5-6　国寿松鹤颐年年金保险（分红型）保费及生存给付情况　单位：元

| 时间（年） | 年龄 | 年初保费 | 年度最高身故保障 | 生存给付 | 累积生存给付（年末） |
|---|---|---|---|---|---|
| 1 | 41 | 100 | 100 | 0 | 0 |
| 2 | 42 | 100 | 200 | 0 | 0 |
| 3 | 43 | 100 | 300 | 0 | 0 |
| 4 | 44 | 100 | 400 | 0 | 0 |
| 5 | 45 | 100 | 500 | 0 | 0 |
| 6 | 46 | 100 | 600 | 0 | 0 |
| 7 | 47 | 100 | 700 | 0 | 0 |
| 8 | 48 | 100 | 800 | 0 | 0 |
| 9 | 49 | 100 | 900 | 0 | 0 |
| 10 | 50 | 100 | 1000 | 0 | 0 |
| 11 | 51 | 100 | 1100 | 0 | 0 |
| 12 | 52 | 100 | 1200 | 0 | 0 |
| 13 | 53 | 100 | 1300 | 0 | 0 |
| 14 | 54 | 100 | 1400 | 0 | 0 |
| 15 | 55 | 100 | 1500 | 0 | 0 |
| 16 | 56 | 100 | 1600 | 0 | 0 |
| 17 | 57 | 100 | 1700 | 0 | 0 |
| 18 | 58 | 100 | 1800 | 0 | 0 |
| 19 | 59 | 100 | 1900 | 0 | 0 |
| 20 | 60 | 100 | 2000 | 63.99 | 63.99 |
| 21 | 61 | 0 | 2000 | 63.99 | 129.9 |
| 22 | 62 | 0 | 2000 | 63.99 | 197.79 |
| 23 | 63 | 0 | 2000 | 63.99 | 267.71 |
| 24 | 64 | 0 | 2000 | 63.99 | 339.73 |
| 25 | 65 | 0 | 2000 | 63.99 | 413.91 |

续表

| 时间（年） | 年龄 | 年初保费 | 年度最高身故保障 | 生存给付 | 累积生存给付（年末） |
|---|---|---|---|---|---|
| 26 | 66 | 0 | 2000 | 63.99 | 490.32 |
| 27 | 67 | 0 | 2000 | 63.99 | 569.02 |
| 28 | 68 | 0 | 2000 | 63.99 | 650.08 |
| 29 | 69 | 0 | 2000 | 63.99 | 733.57 |
| 30 | 70 | 0 | 2000 | 63.99 | 819.57 |
| 31 | 71 | 0 | 2000 | 63.99 | 908.15 |
| 32 | 72 | 0 | 2000 | 63.99 | 999.38 |
| 33 | 73 | 0 | 2000 | 63.99 | 1093.35 |
| 34 | 74 | 0 | 2000 | 2063.99 | 1190.14 |

资料来源：中国人寿保险股份有限公司。

由表 5-6 可知，从 61 岁开始投保人可以每月领取 63.99 元的养老金，到 74 岁还可以领取 2000 元身故保险金，内部报酬率为 2%。经计算，每年保费 100~2000 元的内部报酬率均为 2%。这个内部报酬率要远远低于农村社会养老保障的内部收益率，也要低于 4% 和 5% 的储蓄内部报酬率（2.416%，2.977%），但略高于 2.5% 的储蓄内部报酬率（1.591%）。说明商业养老保险的收益率比较低，跟短期储蓄的收益率相近，但稳定性不及储蓄，所以仅就收益率而言不具备推广优势。但是商业养老保险往往会与大病保险、意外保险及寿险等组成组合保险，其优势主要体现在保疾病和意外方面，其形式灵活、组合多样，这些是社会养老保险不能覆盖的。

5.3.3.3　商业养老保险的优势

（1）提高养老金计划的水平。社会养老保险作为公共事业的一项，是政府实施社会保障体系的一个环节。社会养老保险须从公众的角度出发，目的在于保障绝大多数社会成员的利益，所以保护的整体水平相对较低，只够满足人最基本的生活需求。社会养老保险在个人财务规划中的角色是最基本的保障，通常不能为投资者转移更多的风险。然而，作为一种市场行为，商业养老保险可以为保险人根据自身经济状况和养老保险需要提供养老保障。虽然商业保险的缴费水平高于社会养老保险，但可提供的保障力度高于社会养老保险，大大提升了用户选择养老保障程度的灵活性。

（2）更加多样的理财主体。社会养老保险只保障活着的被保险人，商业养老保险在保护人们生活的同时也为身故被保险人提供保障，所以可以有利于他们的家庭和后代。因此，如果消费者是家庭的经济支柱，或有意在身故后为家庭留下保障，可以考虑购买两全或终身人寿保险。

随着我国居民投资意识的不断增强，人们不仅注重资金的升值，在通胀预期较为强烈的背景下更重投资。商业保险就不再局限于单一的养老的功能，而顺应市场补充了很多新功能，如分红功能、最低保障收益、设立投资账户。而且商业养老险在购买的同时还可附带很多其他功能的附加险，如医疗、意外、健康等，使消费者可以得到更为全面的保障规划，在满足养老需求的同时，也可兼顾其他各种可能的风险，使其可以根据自己需求的不同侧重点去选择。

（3）储蓄和投资功能。当前大众的投资意识逐渐增加，不再仅关注资金的升值，在通胀加剧时期更加注重投资。商业保险不局限于一个单一的养老功能，适应市场和添加许多新的特性，例如分红收益、最低保障福利、投资账户的建立。商业养老保险同时还可以提供多种附加险种，如医疗、事故、健康，因此，全面保障消费者的各方面需求。

（4）提供了更多的回报项目选择。商业养老保险扩充了社会养老保险的类型。相对于缺乏灵活性的社会养老金只能每月领取固定金额的养老金，商业养老保险提供了更多的途径，不仅可以按月按年领取，还可以一次性领取一笔大额资金。

对于不适用社会基本养老保险的人群，商业养老保险可以提供更高的生活保障。与基本养老保险相比，商业养老保险不仅不会增加国家的负担，还可缓解社会养老的压力，同时商业养老保险面向的对象也更广泛。

5.3.3.4　商业保险在农村的发展情况

如图 5 - 13 所示，根据山西地区的调研情况，农村家庭中有 84.9% 没有购买商业保险，有 15.1% 购买了商业保险；有 94.6% 没有购买商业养老保险，有 5.4% 购买了商业养老保险。

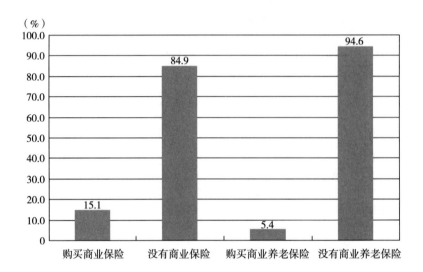

图 5 - 13　商业保险购买情况

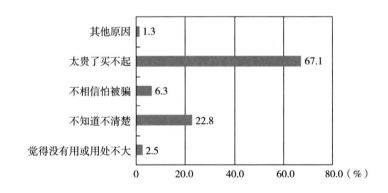

图 5 - 14　不购买商业保险的原因

在购买的原因中，64.3% 的购买者觉得挺好的，生活更有保障；35.7% 的购买者是被推销人员劝说或者家里有亲友是推销保险的。说明农村居民中大部分商业保险的购买者真正认可商业保险的价值。

如图 5-14 所示，在未购买商业保险的农村居民中，67.1% 的人认为太贵了买不起，有 22.8% 的农村居民不清楚商业保险及其条款，有 6.3% 的农村居民不相信商业保险怕被骗，有 2.5% 的农村居民觉得没有用处或者用处不大。说明农村居民对商业保险的认可度较高，经济收入是影响其购买的主要原因。

# 5.4 本章小结

本章在理性人和社会保障投资性质假设的基础上对农村居民投资理财的情况进行调研，并对农村居民基本养老保险和相关投资理财方式的收益率进行测算，得出以下结论：

（1）经过调研发现，农村居民对投资理财有本能和经验的感知和判断，对于农村社会养老保障的收益认可程度要高于储蓄。有 60% 左右的农户对投资收益情况比较模糊，因此在选择参保档次的时候对高档次比较犹豫，且需要进一步的引导和宣传。

（2）农村居民对于投资风险的认识情况显示，农户认为储蓄的风险低于社会养老保险，储蓄是农户第一认可的投资理财方式，农户同样认可社会养老保险的低风险，具有较高的信任度。投资风险和收益基本上成反比，要提高社会养老保险的参与深度，还需要继续提高补助和支持力度。

（3）农村居民投资理财方式的收益情况：

第一，农村居民基本养老保险的收益情况：缴费档次越低，养老保险的内部收益率越高，100 元和 200 元档次的内部报酬率都在 10% 以上，优势非常明显。

第二，储蓄的收益：如果居民选择储蓄并且不缴费还能领取基础养老金的情况下，内部报酬率与参保情况差不多，在低档次的时候略高于参保，高档次的时候略低于参保；而如果农民不缴费就不能领取基础养老金，仅仅储蓄的内部报酬率要远远低于农村居民基本养老保险。随着人民平均寿命的延长，这种差异将会更加明显。

第三，商业养老保险的收益：商业养老保险的内部报酬率均为2%。

（4）从风险和收益角度评价，如果按照2.5%的利率计算，在储蓄、农村居民基本养老保险和商业养老保险三种方式中，农村居民基本养老保险的风险较低，内部收益率最高，是适合农村居民的养老理财方式。但是如果按照一年储蓄利息计算，就达不到2.5%的水平，还需要提高运营水平和养老金盈利能力，建议提高农村居民基本养老保险的利息水平，尽量达到2.5%的水平；此外，农村居民基本养老保险的缴费档次越高，内部报酬率越低，需要加大补助的力度，进一步提高收益率。

# 第6章 农村居民基本养老保险适度
# 水平的政策研究

## ——基于需求角度

## 6.1 适度的养老保障水平界定

### 6.1.1 适度的社会养老保险保障水平

社会保障制度的设计目的需要遵循一定的理论原理，以公平正义的理论基础作为出发点，我国学者对社会保障的"底线"也进行了探讨，认为社会保障应该保持适度的界限，保障基础需求。首先，社会保险应该适应经济增长的水平，不能超越经济能力盲目追求过高福利。国家的财政保障和个人的缴费能力都与经济水平息息相关，所以社会保障水平一定要在经济能力范围之内，建立在一定的物质条件基础上。其次，保障贫困和老年人的基本生活，补充不能参加劳动的社会成员的生活需求。虽然无法达到对生活需求100%的完全补充，但是至少应达到基本的生活需求。最后，社会保障是全面的生活保障，不仅要维持最低生活标准，还应该在医疗、养老等方面建立起多维度的保障。

社会养老保险制度是社会保障制度的重要组成部分，用于补充由于年老而减少或退出劳动的社会成员的生活需求。社会养老保险保障的是年老的风险，具有普遍性的风险。社会养老保险的目的是满足老年人的基本生活需求。众所周知，医疗是老年人的主要开支，但是居民的基本生活费用中医疗保健支出是指医疗保险不能报销的部分。所以在对基本需求进行测算时，应该将医疗保险覆盖部分排除，界定为基本生活需求中的医疗保健需求。

适度的社会养老保险不仅要保障基本生活，而且应该在长期范围内具有稳定性，并且根据经济水平及时调整，发挥应有的保障作用。

### 6.1.2　农村居民基本社会养老金替代率的适度水平界定

根据社会保险和社会养老保险的保障水平定义，我国农村居民基本养老保险要能够满足农村老年人的最基本生活需求，能进一步满足一定的其他生活需求，能具有相对合适的收益率。

第一，满足最低生存需求作为农村居民基本养老保险的下限水平。本书在第 4 章中对贫困农村居民的基本生活需求和食物消费需求做了测算，可以作为参考标准。

第二，对有条件的农村居民个人和有条件的地区，把满足农村居民的小康生活总需求作为现阶段的农村养老金替代率适度需求水平的目标，切实发挥社会养老保险保障基本生活水平的功能。

第三，通过测算不同收入等级的养老金替代率需求水平，并参考城镇职工养老保险和国外养老保险替代率确定适度水平。

第四，根据投资收益的角度，可以设计合适的养老保障水平和盈利能力，以满足一定的收益需求和抗通胀需求。按照本书第 5 章分析，社会养老保险的利率在 2.5% 以上比较合适，当前以一年期利率计息比较低。

第五，依据我国和农村经济发展的实际情况，个人和政府合理分担养老责任，动态调整上限和下限水平。政府通过调整基础养老金的水平来弥补养老金和基本生活需求之间的差距。

# 6.2 适度养老保障政策分析——以山西省为例

本书以山西省为调研区域，选取三县六村，分别为清徐县、沁源县和榆次区修文镇。

选择山西省为例，主要出于以下两个原因：第一，山西省是中部省份中基础养老金替代率最高的省份，积极推进农村养老社会保障事业，具有典型性和代表性。山西省于 2009 年开始实行新型农村居民基本养老保险试点，于 2012 年实现全覆盖，于 2014 年下发《山西省人民政府关于建立统一的城乡居民基本养老保险制度的实施意见》（以下简称《意见》），开始正式实施城镇居民社会养老保险和新型农村社会养老保险并轨，在全省建立统一的城乡居民基本养老保险制度。第二，山西省 GDP 排名比较靠后，2015 年山西省 GDP 排名全国倒数第二，GDP 增速不足 3%，说明山西省地方财政收入增长乏力，财政收入对于养老金的需求而言相对不足。因此以此为例进行的政策研究具有一定的推广性，其他省份的情况要优于山西地区，可以以此政策为基准进行相应的调整。

## 6.2.1 调研地区基本情况

本书获得问卷 310 份，其中有效问卷 279 份，人口统计变量汇总情况如表 6-1 所示。

### 表6-1 人口统计变量汇总表

| 人口变量 | | 观察数 | 百分比 | 平均数 | 方差 | 最小值 | 最大值 |
|---|---|---|---|---|---|---|---|
| 性别 | 女 | 159 | 57.0% | 0.43 | 0.4978 | 0 | 1 |
| | 男 | 120 | 43.0% | | | | |
| 年龄 | | 297 | | 50.29 | 13.2194 | 24 | 93 |
| 教育程度 | 没有上过学 | 9 | 3.2% | 3.03 | 0.8136 | 1 | 5 |
| | 小学 | 45 | 16.1% | | | | |
| | 初中 | 168 | 60.2% | | | | |
| | 高中 | 42 | 15.1% | | | | |
| | 大专、本科及以上 | 15 | 5.4% | | | | |
| 职业类型 | 务农 | 183 | 65.6% | 1.82 | 1.3265 | 1 | 5 |
| | 务工 | 30 | 10.8% | | | | |
| | 兼业农民 | 24 | 8.6% | | | | |
| | 个体经营 | 18 | 6.5% | | | | |
| | 其他 | 24 | 8.6% | | | | |
| 健康状况 | 不太好 | 51 | 18.3% | 3.47 | 1.0278 | 2 | 5 |
| | 一般 | 105 | 37.6% | | | | |
| | 身体比较好 | 63 | 22.6% | | | | |
| | 身体很好 | 60 | 21.5% | | | | |
| 婚姻状况 | 已婚 | 258 | 92.5% | 1.13 | 0.5155 | 1 | 4 |
| | 未婚 | 12 | 4.3% | | | | |
| | 离异 | 3 | 1.1% | | | | |
| | 其他 | 6 | 2.2% | | | | |
| 家庭人口 | 1人 | 9 | 3.2% | 3.96 | 1.4664 | 1 | 7 |
| | 2人 | 45 | 16.1% | | | | |
| | 3人 | 51 | 18.3% | | | | |
| | 4人 | 72 | 25.8% | | | | |
| | 5人 | 57 | 20.4% | | | | |
| | 6人及以上 | 45 | 16.1% | | | | |
| 老人数 | | 297 | | 0.71 | 0.8670 | 0 | 3 |
| 子女数 | | 297 | | 2.17 | 1.0175 | 0 | 6 |
| 土地 | | 297 | | 5.04 | 4.0980 | 0 | 20 |
| 家庭收入 | | 297 | | 33756.67 | 30861.3100 | 3000 | 200000 |

调研人员的人口变量特征显示：男性占比43%，女性占比57%。平均年龄50岁。教育程度普遍不高，有60.2%为初中文化，大专、本科及以上占比为5.4%。职业类型65.6%为务农，有10.8%务工，有8.6%为兼业农民。健康状况普遍较好，有37.6%的农户认为身体一般，有22.6%的农户认为身体比较好，有21.5%的农户认为身体很好。婚姻状况方面，有92.5%为已婚且婚姻完整。家庭人口每户平均人口为3.96，其中每户平均0.71个老人，有2.17个子女。土地每户平均5.04亩，家庭收入每户平均33756.67元。

### 6.2.2 调研地区参保情况

如图6-1所示，除去60岁以上的老人家庭外，有适龄参保人员的家庭中，有6.8%的家庭完全没有参保，不参保的原因为年龄还小，再考虑有其他保险；有93.2%的家庭选择参保，每户平均参保人数2.02人。

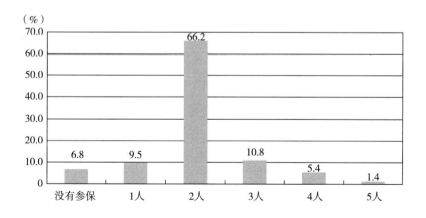

图6-1 家庭参保人数分布

如图6-2所示，参保人员每年缴纳的保险费以200元为主，占58%；有14.5%的农户选择400元的档次；选择500元及以上的档次占13%，其中选择1000元及以上档次的参保占5.8%，平均每人每年缴纳保费282元。参保费用情况表明，农村居民对农村居民基本养老保险的认可度在逐步提高，参保档次也有提高的趋势。

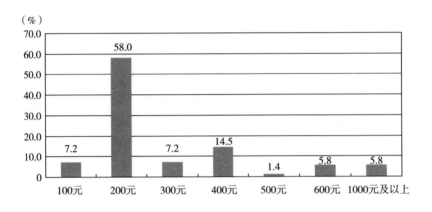

图6-2 参保人员保费

如图6-3所示，在参保原因中，65.2%的参保人员认为农村居民基本养老保险挺好的，养老有保障；有27.5%是村里统一参加的；有4.3%是跟随别人参加的；有2.9%是由于跟老人领取养老金捆绑。这说明农村居民对农村居民基本养老保险的认可程度越来越高。

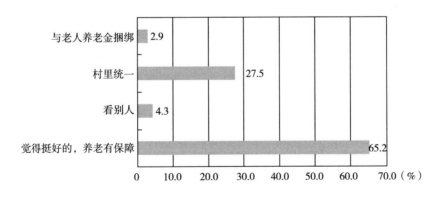

图6-3 参保原因

如图 6 - 4 所示，在选择档次原因中，55.1% 的参保者根据家庭收入情况选择，26.1% 的人根据村里统一金额缴费或者村里建议的情况，有 11.6% 的人参考别人，有 4.3% 的参保者根据收益情况选择。不选择更高档次的考虑，68.1% 的人出于经济原因，20.3% 的人因为对政策不了解，这说明对养老保险政策的宣传还需要继续加强。

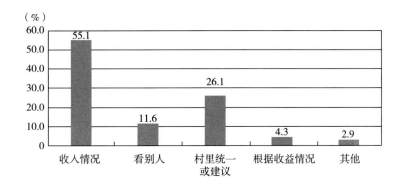

图 6 - 4　选择参保档次原因

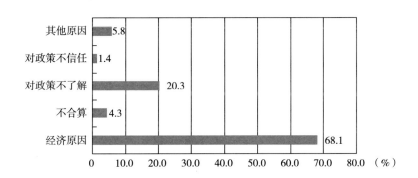

图 6 - 5　不选择更高档次的原因

如图 6 - 6 所示，对于提高补贴后是否愿意提高参保档次，58% 的参保农户表示可以考虑，33.3% 的农户表示愿意提高，仅有 8.7% 的农户表示不愿意。但是对于农村居民基本养老保险是否有政府提供的补贴，有 49.3% 的农户表示不知道，有34.8%的农户肯定地表示没有（按照规定是有补贴的），仅有15.9%的农户表示知道有补贴。由此可见，农村居民基本养老保险的参保人员对政府的补贴情况了解度不够，但是他们的参保意愿对于补贴力度比较敏感，对于补贴情况的宣传需要具体化，并且对高档次提供更多的补贴来吸引农户选择较高档次。此外，根据前文的研究，参保农户对于自己能领取多少养老金也并不清楚。

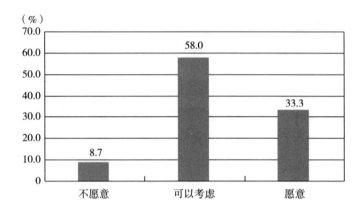

图6-6 提高补贴是否愿意提高参保档次

### 6.2.3 适度养老保障政策分析

根据调研情况来具体分析是否可以达到相关标准。

调研地区的基础养老金情况为：2015年清徐县为120元，沁源县为90元，榆次区为100元。由于当前个人账户积累尚未发挥明显作用，老人领取到的农村居民基本养老保险金基本为基础养老金，还没有达到贫困县的生活标准。但是还需要根据积累情况进行预测。

收益角度：当前的记账利率参照银行一年定期存款利率，为1.5%，也尚未达到收益要求。

表6－2　适度养老保险的参考标准

| 参考标准角度 | 参考标准 | 具体标准 |
|---|---|---|
| 满足基本生活需求 | 贫困县生活标准 | 在2015年应达到每月197.75元，每年2373元 |
| 替代率 | 小康生活标准 | 2020年之前达到每月266.5元，每年3198元 |
| 替代率 | 参考城镇职工养老保险和国外养老保险替代率 | 收入替代率在40%～60%，先设立50%的替代目标 |
| 收益角度 | 收益率应高于储蓄，并且接近理财 | 建议记账利率高于2.5% |

收入替代率情况：

国家统计局数据显示，2016年我国GDP增速为6.7%，全年国内生产总值为744127亿元。第一、第二、第三、第四季度GDP分别同比增长6.7%、6.7%、6.7%和6.8%。据对中国16万城乡居民家庭的抽样调查，2016年，中国居民人均可支配收入23821元（人民币），比上年名义增长8.4%，扣除价格因素，实际增长6.3%，与前二季度持平。2016年全年CPI同比上涨2.0%，涨幅比2015年提高了0.6个百分点。由于我国经济进入新常态，农村居民收入增长缺少新动力，可能会陷入缓慢增长时期，因此按照低速、中速和高速三种情况进行测算，其中，低速增长是按2016年增长率，中速增长为8%，高速增长为灰色模型预测增长率。

根据表6－3中的预测，如果按照低速增长，收入50%的替代率情况，则可以达到小康生活标准，并且也远远超过了贫困地区的生活需求标准，是比较合适的目标。

表6－3　山西农村居民纯收入预测及养老金需求预测　　单位：元/年

| 年份 | 低速增长 | 中速增长 | 高速增长 | 养老金（50%替代率） | | |
|---|---|---|---|---|---|---|
| | 6% | 8% | 11.70% | 低速增长 | 中速增长 | 高速增长 |
| 2017 | 10747.41 | 10888.56 | 11747.17 | 5373.71 | 5444.28 | 5873.59 |
| 2018 | 11456.74 | 11759.64 | 13121.88 | 5728.37 | 5879.82 | 6560.94 |

续表

| 年份 | 低速增长 | 中速增长 | 高速增长 | 养老金（50%替代率） | | |
|---|---|---|---|---|---|---|
| | 6% | 8% | 11.70% | 低速增长 | 中速增长 | 高速增长 |
| 2019 | 12212.89 | 12700.42 | 14657.45 | 6106.44 | 6350.21 | 7328.72 |
| 2020 | 13018.94 | 13716.45 | 16372.72 | 6509.47 | 6858.22 | 8186.36 |
| 2021 | 13878.19 | 14813.77 | 18288.73 | 6939.09 | 7406.88 | 9144.36 |
| 2022 | 14794.15 | 15998.87 | 20428.94 | 7397.07 | 7999.43 | 10214.47 |
| 2023 | 15770.56 | 17278.78 | 22819.62 | 7885.28 | 8639.39 | 11409.81 |
| 2024 | 16811.42 | 18661.08 | 25490.07 | 8405.71 | 9330.54 | 12745.03 |
| 2025 | 17920.97 | 20153.96 | 28473.01 | 8960.49 | 10076.98 | 14236.51 |
| 2026 | 19103.76 | 21766.28 | 31805.04 | 9551.88 | 10883.14 | 15902.52 |
| 2027 | 20364.60 | 23507.58 | 35526.99 | 10182.30 | 11753.79 | 17763.50 |
| 2028 | 21708.67 | 25388.19 | 39684.51 | 10854.33 | 12694.10 | 19842.25 |
| 2029 | 23141.44 | 27419.25 | 44328.55 | 11570.72 | 13709.62 | 22164.27 |
| 2030 | 24668.77 | 29612.79 | 49516.05 | 12334.39 | 14806.39 | 24758.02 |
| 2031 | 26296.91 | 31981.81 | 55310.62 | 13148.46 | 15990.90 | 27655.31 |

表6-4　山西农村居民生活消费和食品消费预测　　　单位：元/年

| 年份 | 低速增长（6%） | | 中速增长（8%） | | 高速增长 | |
|---|---|---|---|---|---|---|
| | 生活消费 | 食品消费 | 生活消费 | 食品消费 | 生活消费（13.3%） | 食品消费（9.2%） |
| 2017 | 8510.74 | 2446.69 | 8671.32 | 2587.81 | 8723.15 | 2517.23 |
| 2018 | 9021.38 | 2593.49 | 9365.03 | 2794.84 | 9883.00 | 2748.81 |
| 2019 | 9562.67 | 2749.10 | 10114.23 | 3018.43 | 11197.32 | 3001.70 |
| 2020 | 10136.43 | 2914.05 | 10923.37 | 3259.90 | 12686.29 | 3277.86 |
| 2021 | 10744.61 | 3088.89 | 11797.24 | 3520.69 | 14373.57 | 3579.42 |
| 2022 | 11389.29 | 3274.23 | 12741.01 | 3802.35 | 16285.25 | 3908.73 |
| 2023 | 12072.65 | 3470.68 | 13760.30 | 4106.54 | 18451.19 | 4268.33 |
| 2024 | 12797.01 | 3678.92 | 14861.12 | 4435.06 | 20905.20 | 4661.02 |
| 2025 | 13564.83 | 3899.66 | 16050.01 | 4789.86 | 23685.59 | 5089.83 |
| 2026 | 14378.72 | 4133.64 | 17334.01 | 5173.05 | 26835.77 | 5558.10 |
| 2027 | 15241.44 | 4381.65 | 18720.73 | 5586.90 | 30404.93 | 6069.44 |

续表

| 年份 | 低速增长（6%） | | 中速增长（8%） | | 高速增长 | |
| --- | --- | --- | --- | --- | --- | --- |
| | 生活消费 | 食品消费 | 生活消费 | 食品消费 | 生活消费<br>（13.3%） | 食品消费<br>（9.2%） |
| 2028 | 16155.93 | 4644.55 | 20218.39 | 6033.85 | 34448.79 | 6627.83 |
| 2029 | 17125.28 | 4923.23 | 21835.86 | 6516.56 | 39030.47 | 7237.59 |
| 2030 | 18152.80 | 5218.62 | 23582.73 | 7037.88 | 44221.53 | 7903.45 |
| 2031 | 19241.97 | 5531.74 | 25469.35 | 7600.91 | 50102.99 | 8630.57 |

　　下面根据山西省当前政策来看是否可以满足相应需求。根据山西省对农村居民基本养老保险的规定（2014 山西省人民政府发布《关于建立统一的城乡居民基本养老保险制度的实施意见》，以下简称《意见》），山西省的农村居民基本养老保险基金由个人缴费、集体补助和政府补贴三部分构成。参加成员与国家规定相同，为年满 16 周岁的不参加其他保险的居民。

　　其中，个人缴费分为 12 个档次：每年 100 元、200 元、300 元、400 元、500 元、600 元、700 元、800 元、900 元、1000 元、1500 元、2000 元。参保人可依据收入增长等情况，适时调整缴费档次标准，多缴多得。政府刘符合条件的参保人全额支付基础养老金并对保费进行补贴。补贴标准为 100 元补贴 30 元，200 元补贴 35 元，300 元补贴 40 元，400 元补贴 50 元，500 ~ 600 元补贴 60 元，700 ~ 900 元补贴 70 元，1000 ~ 2000 元补贴 80 元。

　　基础养老金最低标准为每人每月 65 元。其中，中央确定的基础养老金标准为每人每月 55 元，省政府增加的基础养老金为每人每月 10 元。有条件的市、县（市、区）可以根据实际情况适当提高基础养老金标准。在 2014 年 7 月以后基础养老金统一为每人每月提高 70 元。清徐县将基础养老金提高为每人每月 120 元。

　　按照以上规定，个人账户每年积累金额在 130 ~ 2080 元，以积累 15 年为例，养老金以 1.5% 计息，每月的个人账户养老金在 15.59 ~ 249.41 元，假设基础养老金未进行调整，则养老金总额为每人每月 135.59 ~ 369.41 元，每人

每年最多为 4432.87 元，不能达到 13148.46 元（2031 年需求），也不能满足
2031 年的食品消费需求 5531.74 元。

以积累 30 年为例，养老金以 1.5% 计息，每月的个人账户养老金在 35.1 ~
561.64 元，假设基础养老金未进行调整，则养老金总额为每人每月 155.1 ~
681.64 元，最高为每人每年 8179.74 元。

以积累 45 年为例，养老金以 1.5% 计息，每月的个人账户养老金在 59.49 ~
951.91 元，假设基础养老金未进行调整，则养老金总额为每人每月 179.49 ~
1071.91 元，最高为每人每年 12862.94 元。

按照当前不调整的情况显然不能满足 15 年、30 年及 45 年之后的养老生
活需求。

表 6 - 5　山西农村居民基本养老保险养老金——15 年

| 个人缴费<br>（元） | 个人账户<br>（元） | 个人账户养老金<br>（元） | 基础养老金<br>（元） | 养老金<br>（元/月） | 养老金<br>（元/年） | 养老金增加率<br>（%） |
|---|---|---|---|---|---|---|
| 100 | 130 | 15.59 | 120 | 135.59 | 1627.05 | |
| 200 | 235 | 28.18 | 120 | 148.18 | 1778.14 | 12.59 |
| 300 | 340 | 40.77 | 120 | 160.77 | 1929.22 | 12.59 |
| 400 | 450 | 53.96 | 120 | 173.96 | 2087.49 | 13.19 |
| 500 | 560 | 67.15 | 120 | 187.15 | 2245.77 | 13.19 |
| 600 | 660 | 79.14 | 120 | 199.14 | 2389.66 | 11.99 |
| 700 | 770 | 92.33 | 120 | 212.33 | 2547.94 | 13.19 |
| 800 | 870 | 104.32 | 120 | 224.32 | 2691.82 | 11.99 |
| 900 | 970 | 116.31 | 120 | 236.31 | 2835.71 | 11.99 |
| 1000 | 1080 | 129.50 | 120 | 249.50 | 2993.99 | 13.19 |
| 1500 | 1580 | 189.45 | 120 | 309.45 | 3713.43 | 11.99 |
| 2000 | 2080 | 249.41 | 120 | 369.41 | 4432.87 | 11.99 |

表 6 - 6　山西农村居民基本养老保险养老金——30 年

| 个人缴费<br>（元） | 个人账户<br>（元） | 个人账户养老金<br>（元） | 基础养老金<br>（元） | 养老金<br>（元/月） | 养老金<br>（元/年） | 养老金增加率<br>（%） |
|---|---|---|---|---|---|---|
| 100 | 130 | 35.10 | 120 | 155.10 | 1861.23 | |
| 200 | 235 | 63.46 | 120 | 183.46 | 2201.46 | 28.35 |
| 300 | 340 | 91.81 | 120 | 211.81 | 2541.69 | 28.35 |
| 400 | 450 | 121.51 | 120 | 241.51 | 2898.12 | 29.70 |
| 500 | 560 | 151.21 | 120 | 271.21 | 3254.55 | 29.70 |
| 600 | 660 | 178.21 | 120 | 298.21 | 3578.57 | 27.00 |
| 700 | 770 | 207.92 | 120 | 327.92 | 3935.00 | 29.70 |
| 800 | 870 | 234.92 | 120 | 354.92 | 4259.03 | 27.00 |
| 900 | 970 | 261.92 | 120 | 381.92 | 4583.05 | 27.00 |
| 1000 | 1080 | 291.62 | 120 | 411.62 | 4939.48 | 29.70 |
| 1500 | 1580 | 426.63 | 120 | 546.63 | 6559.61 | 27.00 |
| 2000 | 2080 | 561.64 | 120 | 681.64 | 8179.74 | 27.00 |

表 6 - 7　山西农村居民基本养老保险养老金——45 年

| 个人缴费<br>（元） | 个人账户<br>（元） | 个人账户养老金<br>（元） | 基础养老金<br>（元） | 养老金<br>（元/月） | 养老金<br>（元/年） | 养老金增加率<br>（%） |
|---|---|---|---|---|---|---|
| 100 | 130 | 59.49 | 120 | 179.49 | 2153.93 | |
| 200 | 235 | 107.55 | 120 | 227.55 | 2730.57 | 48.05 |
| 300 | 340 | 155.60 | 120 | 275.60 | 3307.21 | 48.05 |
| 400 | 450 | 205.94 | 120 | 325.94 | 3911.31 | 50.34 |
| 500 | 560 | 256.28 | 120 | 376.28 | 4515.41 | 50.34 |
| 600 | 660 | 302.05 | 120 | 422.05 | 5064.59 | 45.76 |
| 700 | 770 | 352.39 | 120 | 472.39 | 5668.68 | 50.34 |
| 800 | 870 | 398.16 | 120 | 518.16 | 6217.86 | 45.76 |
| 900 | 970 | 443.92 | 120 | 563.92 | 6767.04 | 45.76 |
| 1000 | 1080 | 494.26 | 120 | 614.26 | 7371.14 | 50.34 |
| 1500 | 1580 | 723.09 | 120 | 843.09 | 10117.04 | 45.76 |
| 2000 | 2080 | 951.91 | 120 | 1071.91 | 12862.94 | 45.76 |

表6-8 调整基础养老金的养老金情况——15年

| 个人缴费(元) | 基础养老金调整率(%) | | | | 每月养老金(元) | | | | 每年养老金(元) | | | |
|---|---|---|---|---|---|---|---|---|---|---|---|---|
| | 2% | 6% | 8% | 10% | 2% | 6% | 8% | 10% | 2% | 6% | 8% | 10% |
| 100 | 161.5 | 287.59 | 380.66 | 676.80 | 177.10 | 303.18 | 396.25 | 692.39 | 2125.15 | 3638.16 | 4755.02 | 8308.63 |
| 200 | 161.5 | 287.59 | 380.66 | 676.80 | 189.69 | 315.77 | 408.84 | 704.98 | 2276.23 | 3789.24 | 4906.10 | 8459.71 |
| 300 | 161.5 | 287.59 | 380.66 | 676.80 | 202.28 | 328.36 | 421.43 | 717.57 | 2427.31 | 3940.32 | 5057.19 | 8610.79 |
| 400 | 161.5 | 287.59 | 380.66 | 676.80 | 215.47 | 341.55 | 434.62 | 730.76 | 2585.59 | 4098.60 | 5215.46 | 8769.07 |
| 500 | 161.5 | 287.59 | 380.66 | 676.80 | 228.66 | 354.74 | 447.81 | 743.95 | 2743.87 | 4256.88 | 5373.74 | 8927.34 |
| 600 | 161.5 | 287.59 | 380.66 | 676.80 | 240.65 | 366.73 | 459.80 | 755.94 | 2887.76 | 4400.76 | 5517.63 | 9071.23 |
| 700 | 161.5 | 287.59 | 380.66 | 676.80 | 253.84 | 379.92 | 472.99 | 769.13 | 3046.03 | 4559.04 | 5675.90 | 9229.51 |
| 800 | 161.5 | 287.59 | 380.66 | 676.80 | 265.83 | 391.91 | 484.98 | 781.12 | 3189.92 | 4702.93 | 5819.79 | 9373.39 |
| 900 | 161.5 | 287.59 | 380.66 | 676.80 | 277.82 | 403.90 | 496.97 | 793.11 | 3333.81 | 4846.82 | 5963.68 | 9517.28 |
| 1000 | 161.5 | 287.59 | 380.66 | 676.80 | 291.01 | 417.09 | 510.16 | 806.30 | 3492.08 | 5005.09 | 6121.96 | 9675.56 |
| 1500 | 161.5 | 287.59 | 380.66 | 676.80 | 350.96 | 477.04 | 570.12 | 866.25 | 4211.52 | 5724.53 | 6841.39 | 10395.00 |
| 2000 | 161.5 | 287.59 | 380.66 | 676.80 | 410.91 | 537.00 | 630.07 | 926.20 | 4930.96 | 6443.97 | 7560.83 | 11114.44 |

为达到提高养老金的目的，从参保人和养老保险提供者政府两方面考虑，可以有以下几种方案：

参保人可选方案：

（1）尽早参保，延长参保年限；

（2）提高参保档次。

政府调整方案：

（1）调整基础养老金；

（2）调整补贴，调整补贴梯度；

（3）提高记账利率；

（4）综合提高以上三点。

从参保人可选方案来看，如果政府不采取任何措施，参保人即便选择了最长参保年限45年和最高档次2000元，一个月仅可以领取1072元的养老金，也达不到合适的养老保障需求。而提高参保档次需要补贴的激励，由以上表中的养老金增加率（养老金增加率是以养老金增加的绝对值除以个人缴费增加的绝对值得出的百分比）可知，100~2000元档次中，每提高一个档次养老金的增加率非常接近，即为每增加100元的保费可以带来的养老金的增长数额差不多，例如参保30年，每多投入100元保费，增加养老金为27~30元（每人每月），而参保45年，每多投入100元保费，增加养老金为56~50元（每人每月）。因此参保人员提高档次的动力不足。另外，养老金增加率受到参保年限的影响，参保时间越长，增加率越高。另外，由于农民收入水平的限制，要促进其提高参保档次，必须有充足的动力。所以提高农村社会养老保障的主要力量还在于政策的制定者和实施者——政府。

从政府调整方案来看：

6.2.3.1  调整基础养老金

按照平均每年2%、6%、8%和10%调整基础养老金，经过15年的积累所得到的基础养老金分别为每人每月161.5元、287.59元、380.66元和

676.80元,每人每年的养老金最高可达到11114.44元,已经非常接近养老需求。由此可见,调整基础养老金的方式能够积极应对养老需求的增长。

但是需要注意的是,调整基础养老金对个人账户的积累没有影响,并且缩小了各个档次之间的差距,不利于鼓励农户提高参保档次,也不能体现运营管理的作用。同时还可能给国家财政带来负担。由于养老金还具有单向调整的性质,即"能升不能降",在经济增速放缓的情况下,提高基础养老金还需要谨慎测算估计。

### 6.2.3.2 调整补贴,调整补贴梯度

调整补贴方案比较复杂,需要考虑地方财政的承受能力,还需要根据全体人员投保情况进行调整。按照山西补贴方案和重庆补贴方案进行对比可知,即便是重庆将2000元档次的养老保险补贴提高为140元,但二者的养老金差距并不明显。

表6-9 山西补贴方案和重庆补贴方案对比——45年　　　　单位:元

| 缴费档次 | 山西补贴方案 | 山西养老金(月) | 山西养老金(年) | 重庆补贴方案 | 重庆养老金(月) | 重庆养老金(年) |
|---|---|---|---|---|---|---|
| 100 | 130 | 179.49 | 2153.93 | 130 | 179.49 | 2153.933 |
| 200 | 235 | 227.55 | 2730.57 | 240 | 229.84 | 2758.031 |
| 300 | 340 | 275.60 | 3307.21 | 350 | 280.18 | 3362.128 |
| 400 | 450 | 325.94 | 3911.31 | 460 | 330.52 | 3966.226 |
| 500 | 560 | 376.28 | 4515.41 | 570 | 380.86 | 4570.324 |
| 600 | 660 | 422.05 | 5064.59 | 680 | 431.20 | 5174.421 |
| 700 | 770 | 472.39 | 5668.68 | 790 | 481.54 | 5778.519 |
| 800 | 870 | 518.16 | 6217.86 | 900 | 531.88 | 6382.616 |
| 900 | 970 | 563.92 | 6767.04 | 1100 | 623.41 | 7480.975 |
| 1000 | 1080 | 614.26 | 7371.14 | 1120 | 632.57 | 7590.811 |
| 1500 | 1580 | 843.09 | 10117.04 | 1630 | 865.97 | 10391.63 |
| 2000 | 2080 | 1071.91 | 12862.94 | 2140 | 1099.37 | 13192.44 |

注:重庆方案中假设基础养老金为每人每月120元,便于进行比较。

如果提高农村社会养老保障的补贴，可能会对地方财政造成很大的压力。以财政资金较为充裕的地方政府北京为例，根据北京市人力资源和社会保障局发布的《关于发布 2016 年北京市城乡居民基本养老保险缴费标准的通知》[①]可知，2016 年北京市城乡居民基本养老保险仍维持最低缴费标准为年缴费1000 元，最高缴费标准为年缴费 7420 元。而 2017 年的新政策《关于进一步完善本市城乡居民基本养老保险政策措施的通知》[②]表明将提高城乡居民养老保险参保缴费上限，达到 9000 元，最低缴费标准保持 1000 元不变。同时，新增设两个缴费补贴档次，并提高补贴为每人每年最高补 150 元。具体补贴为2000 元以下每人每年补贴 60 元；选择 2000～4000 元以下的，每人每年补贴90 元；选择 4000～6000 元以下的，每人每年补贴 120 元；选择 6000 元至最高缴费标准的，每人每年补贴 150 元。以上标准说明，年缴费 9000 元的年补贴也仅为每人每年补贴 150 元。北京属于财政比较充裕的地方政府，山西的地方政府不一定有能力提供持续增长的个人补贴。可见，如果不提高收益率，农村居民基本养老保险的补贴提高并不能明显改善养老金的收入。

但是调研结果显示，农户对补贴有一定的偏好性，有 91.3% 的农户表示如果补贴提高愿意或者可以考虑提高档次。这是因为补贴可以直接增加个人账户积累，具有"眼见为实"的直接性和"落袋为安"的确定性，更符合农村居民的期待。假设个人补贴可以按照 2% 或者 4% 的速度增长，以缴费 15 年为例。

由表 6-10 和表 6-11 可知农村居民基本养老保险的补贴增长效果不明显，15 年的积累后最多养老金收入为 4497.66 元和 4518 元，即便按 10% 的增长率，2000 元档次也只能达到 4604.97 元，比起未调整前的养老金 4432.78 元增长不多。因此参保年限在 15 年左右，单独调整补贴效果不明显。如果参保年限为 30 年，按照 4% 的增速调整补贴，则 2000 元档次养老金可以达到每人

---

① http://www.bjpg.gov.cn/publish/portal0/tab72/info55318.htm.

② http://www.yanglaocn.com/shtml/20170216/1487227897107617.html.

每年8489.89元，相对于未调整补贴的8179.84元也增长不多。说明在计息不高的情况下，调整补贴的积累效果不明显。

表6-10  调整补贴后的养老金——2%，15年  单位：元

| 个人缴费 | 个人账户养老金 | 基础养老金 | 养老金（月） | 养老金（年） | 未调整的养老金（年） |
|---|---|---|---|---|---|
| 100 | 16.37 | 120 | 136.37 | 1636.46 | 1627.05 |
| 200 | 29.25 | 120 | 149.25 | 1791.02 | 1778.14 |
| 300 | 42.13 | 120 | 162.13 | 1945.58 | 1929.22 |
| 400 | 55.71 | 120 | 175.71 | 2108.52 | 2087.49 |
| 500 | 69.29 | 120 | 189.29 | 2271.46 | 2245.77 |
| 1000 | 132.99 | 120 | 252.99 | 3035.87 | 2993.99 |
| 1500 | 193.90 | 120 | 313.90 | 3766.76 | 3713.43 |
| 2000 | 254.80 | 120 | 374.80 | 4497.66 | 4432.87 |

注：具体过程见附表1。

表6-11  调整补贴后的养老金——4%，15年  单位：元

| 个人缴费 | 个人账户养老金 | 基础养老金 | 养老金（月） | 养老金（年） |
|---|---|---|---|---|
| 100 | 17.01 | 120 | 137.01 | 1644.09 |
| 200 | 29.99 | 120 | 149.99 | 1799.92 |
| 300 | 42.98 | 120 | 162.98 | 1955.75 |
| 400 | 56.77 | 120 | 176.77 | 2121.23 |
| 500 | 70.56 | 120 | 190.56 | 2286.71 |
| 1000 | 134.68 | 120 | 254.68 | 3056.21 |
| 1500 | 195.59 | 120 | 315.59 | 3787.10 |
| 2000 | 256.50 | 120 | 376.50 | 4518.00 |

注：具体过程见附表2。

### 6.2.3.3  提高记账利率

当前的农村居民基本养老保险对个人账户的记账利率规定为当年1月1日金融机构人民币一年期存款利率计息，重庆2014年的记账利率为2.97%，深

圳 2015 年的记账利率为 1.5%，上海 2015 年的记账利率为 2.75%，新疆阿克苏 2015 年的记账利率为 1.75%，云南沧州和海南 2016 年的记账利率定为 1.5%。说明各地区的记账利率在 1.5%~3%。

表 6-12　调整记账利率方案——15 年　　　　　　　单位：元

| 缴费档次 | 山西补贴方案 | 养老金（月） | | | | 养老金（年） | | | |
|---|---|---|---|---|---|---|---|---|---|
| | | 1.50% | 2.50% | 4% | 5% | 1.50% | 2.50% | 4% | 5% |
| 100 | 130 | 135.59 | 136.77 | 138.73 | 140.18 | 1627.05 | 1641.25 | 1664.73 | 1682.18 |
| 200 | 235 | 148.18 | 150.32 | 153.85 | 156.48 | 1778.14 | 1803.80 | 1846.23 | 1877.78 |
| 300 | 340 | 160.77 | 163.86 | 168.98 | 172.78 | 1929.22 | 1966.35 | 2027.74 | 2073.39 |
| 400 | 450 | 173.96 | 178.05 | 184.82 | 189.86 | 2087.49 | 2136.64 | 2217.89 | 2278.30 |
| 500 | 560 | 187.15 | 192.24 | 200.67 | 206.94 | 2245.77 | 2306.92 | 2408.05 | 2483.22 |
| 600 | 660 | 199.14 | 205.14 | 215.08 | 222.46 | 2389.66 | 2461.73 | 2580.91 | 2669.51 |
| 700 | 770 | 212.33 | 219.34 | 230.92 | 239.54 | 2547.94 | 2632.02 | 2771.06 | 2874.43 |
| 800 | 870 | 224.32 | 232.24 | 245.33 | 255.06 | 2691.82 | 2786.83 | 2943.93 | 3060.72 |
| 900 | 970 | 236.31 | 245.14 | 259.73 | 270.58 | 2835.71 | 2941.64 | 3116.80 | 3247.01 |
| 1000 | 1080 | 249.50 | 259.33 | 275.58 | 287.66 | 2993.99 | 3111.93 | 3306.95 | 3451.93 |
| 1500 | 1500 | 309.45 | 323.83 | 347.61 | 365.28 | 3713.43 | 3885.97 | 4171.27 | 4383.38 |
| 2000 | 2080 | 369.41 | 388.33 | 419.63 | 442.90 | 4432.87 | 4660.01 | 5035.60 | 5314.83 |

表 6-13　调整记账利率方案——20 年　　　　　　　单位：元

| 缴费档次 | 山西补贴方案 | 养老金（月） | | | | 养老金（年） | | | |
|---|---|---|---|---|---|---|---|---|---|
| | | 1.50% | 2.50% | 4% | 5% | 1.50% | 2.50% | 4% | 5% |
| 100 | 130 | 141.63 | 143.89 | 147.85 | 150.92 | 1699.52 | 1726.69 | 1774.20 | 1811.10 |
| 200 | 235 | 159.09 | 163.19 | 170.34 | 175.90 | 1909.13 | 1958.24 | 2044.13 | 2110.83 |
| 300 | 340 | 176.56 | 182.48 | 192.84 | 200.88 | 2118.74 | 2189.80 | 2314.06 | 2410.57 |
| 400 | 450 | 194.86 | 202.70 | 216.40 | 227.05 | 2338.33 | 2432.38 | 2596.85 | 2724.58 |
| 500 | 560 | 213.16 | 222.91 | 239.97 | 253.22 | 2557.92 | 2674.96 | 2879.63 | 3038.58 |
| 600 | 660 | 229.80 | 241.29 | 261.39 | 277.00 | 2757.55 | 2895.49 | 3136.71 | 3324.05 |
| 700 | 770 | 248.10 | 261.51 | 284.96 | 303.17 | 2977.14 | 3138.08 | 3419.49 | 3638.05 |
| 800 | 870 | 264.73 | 279.88 | 306.38 | 326.96 | 3176.77 | 3358.61 | 3676.57 | 3923.51 |

续表

| 缴费档次 | 山西补贴方案 | 养老金（月） | | | | 养老金（年） | | | |
|---|---|---|---|---|---|---|---|---|---|
| | | 1.50% | 2.50% | 4% | 5% | 1.50% | 2.50% | 4% | 5% |
| 900 | 970 | 281.37 | 298.26 | 327.80 | 350.75 | 3376.40 | 3579.14 | 3933.65 | 4208.98 |
| 1000 | 1080 | 299.67 | 318.48 | 351.37 | 376.92 | 3595.99 | 3821.72 | 4216.43 | 4522.98 |
| 1500 | 1580 | 382.84 | 410.36 | 458.48 | 495.86 | 4594.13 | 4924.36 | 5501.82 | 5950.29 |
| 2000 | 2080 | 466.02 | 502.25 | 565.60 | 614.80 | 5592.28 | 6027.01 | 6787.20 | 7377.60 |

表6-14 调整记账利率方案——30年 单位：元

| 缴费档次 | 山西补贴方案 | 养老金（月） | | | | 养老金（年） | | | |
|---|---|---|---|---|---|---|---|---|---|
| | | 1.50% | 2.50% | 4% | 5% | 1.50% | 2.50% | 4% | 5% |
| 100 | 130 | 155.11 | 161.06 | 172.45 | 182.14 | 1861.30 | 1932.72 | 2069.44 | 2185.64 |
| 200 | 235 | 183.46 | 194.22 | 214.82 | 232.32 | 2201.58 | 2330.69 | 2577.84 | 2787.90 |
| 300 | 340 | 211.82 | 227.39 | 257.19 | 282.51 | 2541.85 | 2728.65 | 3086.23 | 3390.15 |
| 400 | 450 | 241.53 | 262.13 | 301.57 | 335.09 | 2898.34 | 3145.57 | 3618.84 | 4021.08 |
| 500 | 560 | 271.23 | 296.87 | 345.95 | 387.67 | 3254.82 | 3562.49 | 4151.44 | 4652.01 |
| 600 | 660 | 298.24 | 328.46 | 386.30 | 435.47 | 3578.89 | 3941.51 | 4635.63 | 5225.58 |
| 700 | 770 | 327.95 | 363.20 | 430.69 | 488.04 | 3935.38 | 4358.42 | 5168.24 | 5856.51 |
| 800 | 870 | 354.95 | 394.79 | 471.04 | 535.84 | 4259.45 | 4737.44 | 5652.42 | 6430.08 |
| 900 | 970 | 381.96 | 426.37 | 511.38 | 583.64 | 4583.53 | 5116.46 | 6136.61 | 7003.66 |
| 1000 | 1080 | 411.67 | 461.11 | 555.77 | 636.22 | 4940.01 | 5533.37 | 6669.21 | 7634.59 |
| 1500 | 1580 | 546.70 | 619.04 | 757.51 | 875.20 | 6560.38 | 7428.46 | 9090.15 | 10502.45 |
| 2000 | 2080 | 681.73 | 776.96 | 959.26 | 1114.19 | 8180.76 | 9323.54 | 11511.08 | 13370.31 |

表6-15 调整记账利率方案——45年 单位：元

| 缴费档次 | 山西补贴方案 | 养老金（月） | | | | 养老金（年） | | | |
|---|---|---|---|---|---|---|---|---|---|
| | | 1.50% | 2.50% | 4% | 5% | 1.50% | 2.50% | 4% | 5% |
| 100 | 130 | 135.59 | 136.77 | 138.73 | 140.18 | 2153.93 | 2354.86 | 2798.32 | 3232.32 |
| 200 | 235 | 148.18 | 150.32 | 153.85 | 156.48 | 2730.57 | 3093.78 | 3895.43 | 4679.96 |
| 300 | 340 | 160.77 | 163.86 | 168.98 | 172.78 | 3307.21 | 3832.70 | 4992.54 | 6127.60 |
| 400 | 450 | 173.96 | 178.05 | 184.82 | 189.86 | 3911.31 | 4606.81 | 6141.88 | 7644.17 |

续表

| 缴费档次 | 山西补贴方案 | 养老金（月） | | | | 养老金（年） | | | |
|---|---|---|---|---|---|---|---|---|---|
| | | 1.50% | 2.50% | 4% | 5% | 1.50% | 2.50% | 4% | 5% |
| 500 | 560 | 187.15 | 192.24 | 200.67 | 206.94 | 4515.41 | 5380.92 | 7291.23 | 9160.75 |
| 600 | 660 | 199.14 | 205.14 | 215.08 | 222.46 | 5064.59 | 6084.65 | 8336.10 | 10539.45 |
| 700 | 770 | 212.33 | 219.34 | 230.92 | 239.54 | 5668.68 | 6858.76 | 9485.45 | 12056.03 |
| 800 | 870 | 224.32 | 232.24 | 245.33 | 255.06 | 6217.86 | 7562.50 | 10530.31 | 13434.73 |
| 900 | 970 | 236.31 | 245.14 | 259.73 | 270.58 | 6767.04 | 8266.23 | 11575.17 | 14813.44 |
| 1000 | 1080 | 249.50 | 259.33 | 275.58 | 287.66 | 7371.14 | 9040.34 | 12724.52 | 16330.01 |
| 1500 | 1580 | 309.45 | 323.83 | 347.61 | 365.28 | 10117.04 | 12559.02 | 17948.84 | 23223.54 |
| 2000 | 2080 | 369.41 | 388.33 | 419.63 | 442.90 | 12862.94 | 16077.69 | 23173.16 | 30117.06 |

　　按照 2.5%、4% 和 5% 的计息方案，养老金的增长很明显，因此将 15 年、20 年、30 年和 45 年的情况都进行了测算。由表 6 - 12 可知，即使是经过 15 年的积累，养老金也可达到较高的水平，按 2.5% 的增长即可超过补贴 4% 增长的情况，2000 元的档次（5%）可以达到 5314.83 元。而经过 45 年的积累，养老金都得到了很大幅度的提高，效果明显。根据前文中对理财方式收益率的分析可知，通过合理运营，养老金得到 4%～5% 的收益应该比较稳健，这是养老金运营的调整目标。该方案最大的好处是不会增加财政负担，真正地达到了"为民理财"的目的，最大程度地捍卫了人民的养老钱。

　　但是养老保险资金的收益情况也需要保持谨慎的态度，台湾保险（含年金保险）在 2013 年的总体投资收益率为 3.69[1]，香港的强制基金自 2000 年实施以来到 2014 年的回报率也为 4%[2]，日本的生命保险公司保险投资收益率 2013 年为 2.36%[3]，韩国的国民养老年金计划 2014 年收益率为 4.2%[4]。由此可见亚洲地区的养老金计划收益并不高，但是澳大利亚的未来基金在 2013～

---

① 中国台湾财团法人保险事业发展中心，联合国 ILO 数据。
② 香港强制性公积金计划管理局官方网站。
③ 日本生命保险协会官方网站。
④ 韩国国民年金计划。

2014 年可以获得 14.3% 的投资收益率，挪威的政府养老基金在 2013 年投资收益率也达到了 15.9%，瑞典的 4 只国家养老基金的年化收益虽然只有 3% ~ 4%，但也可以超过同期的通胀率水平 1.7%，其中 AP1 基金 2013 年的投资收益为 11.2%。所以在短期内我国的农村居民基本养老保险能达到 2.5% ~ 5% 的水平就已经达到了亚洲地区养老基金的收益率水平，而长期来看，应该将目标设为 10% 以上的年化收益率。

综上研究发现：

（1）增加基础养老金是最直接有效果的方案，可以根据当年的情况及时进行调整；但是会给国家和地方财政带来负担。

（2）增加补贴是最明显的方案，可以直接看到个人账户的增加；但是需要长期积累的方案，经过投保时期的积累，最终在领取养老金的时候获得回报，但容易受到通货膨胀的影响而减弱效果，并且会给地方财政带来负担。

（3）提高记账利率是最有效率的方案，如果利息是从财政出，也会给财政带来负担，如果利息通过合理运营得到适当的红利，则会减轻财政负担并且提高养老保障，是一种双赢的模式。

实际中的政策调整方案应该是综合以上三种方案的组合方案，因此建议重点应在增强养老金收益能力上，这是养老金保持增值能力和生命力的关键所在；同时要运用补贴手段吸引参保并且关注当时的收入和消费增长状况及时运用基础养老金进行调整。由此，记账利率、参保补贴和基础养老金构成了我国农村社会养老保障的"三驾马车"。本书也对"三驾马车"的组合效果进行了模拟。

表 6 – 16　政策调整模拟方案　　　　　　　　单位:%

| | 增长率 | | 方案一 | | 方案二 | | 方案三 |
|---|---|---|---|---|---|---|---|
| 基础养老金 | 2 | 6 | 8 | 10 | 2 | 2 | 6 |
| 参保补贴 | 2 | 4 | | | 2 | 4 | 4 |
| 记账利率 | 1.50 | 2.50 | 4 | 5 | 4 | 5 | 10 |

方案一：考虑到财政负担，假设基础养老金和参保补贴按照2%的速度增长，通过提高养老金盈利水平将记账利率提高到4%。

方案二：适当提高参保补贴促进参保积极性，参保人数增多可能会进一步提升盈利能力，记账利率提高到5%。

方案三：中央财政加大补助力度，基础养老金按照6%的速度增加，参保补贴也按照4%的速度增长，盈利能力提高到10%。

表6－17　三种方案养老金——15年　　　　　　　单位：元

| 方案一 | | | | | |
| --- | --- | --- | --- | --- | --- |
| 个人缴费 | 个人账户养老金 | 基础养老金 | 养老金（月） | 养老金（年） | 未调整的养老金（年） |
| 100 | 20.09 | 161.51 | 181.60 | 2179.16 | 1627.05 |
| 200 | 35.92 | 161.51 | 197.43 | 2369.16 | 1778.14 |
| 500 | 85.12 | 161.51 | 246.63 | 2959.57 | 2245.77 |
| 1000 | 163.44 | 161.51 | 324.94 | 3899.33 | 2993.99 |
| 1500 | 238.34 | 161.51 | 399.85 | 4798.23 | 3713.43 |
| 2000 | 313.25 | 161.51 | 474.76 | 5697.13 | 4432.87 |

| 方案二 | | | | | |
| --- | --- | --- | --- | --- | --- |
| 个人缴费 | 个人账户养老金 | 基础养老金 | 养老金（月） | 养老金（年） | 未调整的养老金（年） |
| 100 | 22.60 | 161.51 | 184.11 | 2209.30 | 1627.05 |
| 200 | 39.95 | 161.51 | 201.46 | 2417.50 | 1778.14 |
| 500 | 94.10 | 161.51 | 255.61 | 3067.31 | 2245.77 |
| 1000 | 179.80 | 161.51 | 341.31 | 4095.73 | 2993.99 |
| 1500 | 261.30 | 161.51 | 422.81 | 5073.75 | 3713.43 |
| 2000 | 342.81 | 161.51 | 504.31 | 6051.77 | 4432.87 |

| 方案三 | | | | | |
| --- | --- | --- | --- | --- | --- |
| 个人缴费 | 个人账户养老金 | 基础养老金 | 养老金（月） | 养老金（年） | 未调整的养老金（年） |
| 100 | 34.55 | 287.59 | 322.14 | 3865.64 | 1627.05 |
| 200 | 61.26 | 287.59 | 348.85 | 4186.17 | 1778.14 |
| 500 | 144.52 | 287.59 | 432.11 | 5185.36 | 2245.77 |
| 1000 | 276.51 | 287.59 | 564.10 | 6769.21 | 2993.99 |
| 1500 | 402.23 | 287.59 | 689.82 | 8277.83 | 3713.43 |
| 2000 | 527.95 | 287.59 | 815.54 | 9786.45 | 4432.87 |

根据三种方案的结果看，方案一低增长的情况下，经过 15 年积累，2000 元档次每人每年可以领到 5697.13 元的养老金，与 13148.46 元的目标相差较多，大约为一半的水平；方案二的情况下可以达到 6051.77 元的水平，比方案一增加不到 400 元；方案三可以达到 9786.45 元，但是对养老金运营能力要求非常高。

由此可见，山西省农村居民基本养老保险想要达到适度的保障程度还存在相当大的差距，在当前财政收入增长乏力的情况下，尤其是地方财政增长动力不足的情况下，必须尽快提高社会养老保险金的管理运营水平。由此推及全国的情况可知，中央财政增长速度放缓，地方财政充裕的地区可以通过提高基础养老金的方式迅速提高农村社会养老保障待遇，满足农村地区居民的基本生活需求，而地方财政紧张的地区面临压力较大，需要通过转方式、调结构等方法发掘促进地方经济增长的新产业新动能，以此为农村社会养老保障提供资金支持。

# 6.3　本章小结

本章对农村居民基本养老保险的适度水平进行界定，并以山西地区为例进行政策研究，得到结论如下：

（1）适度的农村居民基本养老保险具有三大标准：①满足居民基本生活需求，以贫困地区生活标准为底线，2015 年应达到每月 197.75 元，每年 2373 元；②满足一定的替代率要求，按照小康生活标准为每月 266.5 元，每年 3198 元，参考城镇职工养老保险和国外养老保险替代率，收入替代率在 40% ～ 60%，先设立 50% 的替代目标；③收益率应高于储蓄并且高于或者接近一般理财，收益率应高于储蓄，并且接近理财建议记账利率高于 2.5%。

（2）提高农村居民基本养老保险的保障程度，提高养老金收入有"三驾马车"：

第一，增加基础养老金是最直接有效果的方案，可以根据当年的情况及时进行调整，但是会给国家和地方财政带来负担。

第二，增加补贴是最明显的方案，可以直接看到个人账户的增加，但是需要长期积累的方案，经过投保时期的积累，最终在领取养老金的时候获得回报，但容易受到通货膨胀的影响而减弱效果，并且会给地方财政带来负担。

第三，提高记账利率是最有效率的方案，如果利息是从财政出，也会给财政带来负担，如果利息通过合理运营得到适当的红利，则会减轻财政负担并且提高养老保障，是一种双赢的模式。

实际中的政策调整方案应该是综合以上三种方案的组合方案，因此建议重点应在增强养老金收益能力上，这是养老金保持增值能力和生命力的关键所在；同时要运用补贴手段吸引参保并且关注当时的收入和消费增长状况及时运用基础养老金进行调整。由此，记账利率、参保补贴和基础养老金构成了我国农村社会养老保障的"三驾马车"。

通过对山西省农村居民基本养老保险进行的模拟可知，想要达到适度的保障程度还存在着相当大的差距，在当前财政收入增长乏力，尤其是地方财政增长动力不足的情况下，必须尽快提高社会养老保险金的管理运营水平。由此推及全国的情况可知，中央财政增长速度放缓，地方财政充裕的地区可以通过提高基础养老金的方式迅速提高农村社会养老保障待遇，满足农村地区居民的基本生活需求，而地方财政紧张的地区面临压力较大，需要通过转方式、调结构等方法发掘促进地方经济增长的新产业新动能，以此为农村社会养老保障提供资金支持。

# 第7章  结论和政策建议

## 7.1  结论

作为城乡居保制度长期纵向精算平衡和支撑新农保制度的关键性相对指标，适度农村社会养老金替代率水平研究意义重大。着眼于农村居民生活需求，贯彻党的十八大提出的"全覆盖、保基本、多层次、可持续"方针，本书综合考虑经济、社会和制度等各方面因素，从保障农村老年人基本生存和生活水平的需求条件和政策调整设计出发，分析研究农村居民基本养老保险的收入和支出替代率及适度的农村社会养老金替代率水平，并据此进行实证分析，从宏观、中观和微观的不同层面进行分析，为完善农村社会养老保障提供政策建议。基本结论如下：

第一，在国家农村居民基本养老保险的相关制度架构下，在不考虑地方财政补助激励的情况下，农村社会养老金（基础养老金）替代率总体情况偏低，保障力度不足。存在地区差异和群体收入差异，但城乡差异和国内外差距更为明显。

（1）我国农村居民社会养老保险的保障程度整体而言比较低，但各个地区的情况各不相同，发达地区和东部省份的养老金替代率比较高，中部和东北地区的替代率相对较低。2020 年基础养老金替代率最高的是上海和北京，2020 年替代率和基础养老金分别为 39.76%，13200 元（每人每年）；34.01%，9840 元（每人每年）。全国替代率最低的是浙江省，为 6.23%，但浙江省的基础养老金绝对值并不低，这说明浙江省的农民人均收入较高，基础养老金尚需进一步提高。基础养老金和替代率都比较低的省份都在中部和西部，说明中部和东北地区的基础养老金还需要大力投入和增加。

（2）全国各地都适当提高了基础养老金的待遇。从基础养老金替代率来看，2020 年全国各地区的基础养老金都高于国家规定的最低标准，但是地区之间替代率的差异性较大。

（3）我国农村居民社会养老保险的中位替代率略高于平均替代率。按照平均值和中位数来看，2020 年我国农村居民基本养老保险的基础养老金为 1380～2220 元（每人每年），替代率为 10.52%～13.31%。对于农村居民基本养老保险的基础养老金替代率，在平均替代率的基础上加上 2% 左右可以得到中位替代率。我国农村居民基本养老保险的基础养老金替代率为 15.31%。

（4）当前社会养老保险制度与发达国家差距明显。具体表现在农村社会养老金替代率实际值偏低以及企业职工养老金替代率较低。因此，将保障农村居民的基本生活保障需求落到实处，缩小城乡社会养老保障差距，减小与国外发达国家的差距，是农村居民基本养老保险制度建设中的重中之重。

第二，在不改变基础养老金绝对值的条件下，增加农村居民人均纯收入，降低基础养老金替代率，增加基础养老金、提升个人缴费档次并且延长参保时间，可以显著提高养老金的相对水平。

根据国家农村居民基本养老保险制度和地方制度进行测算，调整基础养老金将有效地提高养老金的相对水平，否则，在绝对基础养老金不变的情况下，随着农民人均纯收入的提高，基础养老金替代率将不断下降，所起到的保障作用也将日益下降。

在基础养老金调整机制还不完善时，个人提高个人缴费档次标准并且延长参保年限，能够弥补基础养老金偏低的劣势。

第三，从适度的农村社会养老金需求水平来看，农村居民基本养老保险需要设定一定的界限，建议以贫困地区居民基本生活水平为下限，以小康社会收入水平为适度计算基础。当前的农村居民基本养老保险标准代替生活需求的比例比较低，甚至老年人的食物需求也不能完全代替。

（1）建议以贫困地区农村居民生活消费水平作为农村居民基本养老保险养老金的下限。根据 2015 年的调研数据，当前的农村居民基本养老保险对贫困地区的消费支出替代率为 30%，也不能全部替代食物消费。贫困地区对老年人食物消费的基础养老金替代率可以达到 43.1%，消费支出替代率为 30%；按贫困地区全部人口平均计算，基础养老金的食物支出替代率为 26.2%，消费支出替代率为 18.5%。2015 年农村居民基本养老保险的基础养老金替代率为 18.5% ~ 30%，如要达到 50% 的替代率，在 2015 年养老金应达到 1469 ~ 2373 元（每人每年）的水平，并根据物价等指标及时调整。养老金的最低标准应接近或达到贫困线收入指标，2373 元是比较接近 2800 元的指标，可以认为是农村居民社会养老保险的合理下限。

（2）小康社会的生活标准建议作为农村居民基本养老保险的适度计算标准。根据小康社会标准，按照农村老年人平均消费的 40% 替代率计算，基本社会养老保险应该为 3198 元（每人每年），266.5 元（每人每月）；按照农村老年人平均消费的 50% 替代率计算，基本社会养老保险应该为 3998 元（每人每年），333.2 元（每人每月）。

（3）农村居民基本养老保险对食品消费替代率较低，基础养老金的保障作用有待加强。中观层面由 CHIPS2013 调研数据计算的农村居民生活消费，根据 15 省平均养老金收入 985.26 元计算，养老金对消费支出的替代率为 14.1%，对食物支出的替代率为 38.8%。微观层面对调研地区居民进行老年人支出调研发现，60 岁以上老年人一年的食物支出在 2100～2162 元，生活支出在 5700～5999 元。调研地区 2016 年的平均养老金为每人 1227.6 元，对老人食物支出的替代率大约为 57%，对老人生活支出的替代率大约为 21%。

第四，从风险和收益角度评价，在储蓄、农村居民基本养老保险和商业养老保险三种方式之中，农村居民基本养老保险的风险较低，内部收益率最高，是适合农村居民的养老理财方式。养老金盈利能力和运营水平还亟待提高，建议调整提高农村居民基本养老保险的利息的整体水平，尽量达到 2.5% 的水平；此外，农村居民基本养老保险的缴费档次越高，内部报酬率越低，需要加大补助的力度，进一步提高收益率。

（1）农村居民对投资理财有本能和经验的感知和判断，对于农村社会养老保障的收益认可程度要高于储蓄。有 60% 左右的农户对投资收益情况比较模糊，因此在选择参保档次的时候对高档次比较犹豫，需要进一步的引导和宣传。

（2）农村居民对于投资风险的认识情况是农户认为储蓄的风险低于社会养老保险，储蓄是农户第一认可的投资理财方式，农户同样认可社会养老保险的低风险具有较高的信任度。投资风险和收益基本上成反比，要提高社会养老保险的参与深度，还需要继续提高补助和支持力度。

（3）根据内部报酬率计算，农村居民投资理财方式中农村居民基本养老保险收益最高，是值得在农村地区大力推广的有效措施。

首先，农村居民基本养老保险的收益：缴费档次越低，养老保险的内部收益率越高，100 元和 200 元档次的内部报酬率都在 10% 以上，优势非常明显。

其次，储蓄的收益：如果居民选择储蓄并且不缴费还能领取基础养老金的情况下，内部报酬率与参保情况差不多，在低档次的时候略高于参保，高档次的时候略低于参保；而如果农民不缴费就不能领取基础养老金，仅仅储蓄的内部报酬率要远远低于农村居民基本养老保险。随着人民平均寿命的延长，这种差异将更加明显。

最后，商业养老保险的收益：商业养老保险的内部报酬率均为2%。

第五，适度的农村居民基本养老保险应满足基本生活标准、替代率标准和收益率标准，同时综合利用增加基础养老金、增加补贴和提高记账利率的"三驾马车"拉动农村居民基本养老保险的保障程度。

（1）满足居民基本生活需求，以贫困地区生活标准为底线；满足一定的替代率要求，按照小康生活标准；参考城镇职工养老保险和国外养老保险替代率，收入替代率设立50%的替代目标；收益率应高于储蓄并且高于或者接近一般理财，收益率应高于储蓄，并且接近理财。

（2）提高农村居民基本养老保险的保障程度，提高养老金收入有"三驾马车"。

在当前财政收入增长乏力的情况下，尤其是地方财政增长动力不足的情况下，必须尽快提高社会养老保险金的管理运营水平。由此推及全国的情况可知，中央财政增长速度放缓，地方财政充裕的地区可以通过提高基础养老金的方式迅速提高农村社会养老保障待遇，满足农村地区居民的基本生活需求，而地方财政紧张的地区面临压力较大，且需要通过转方式、调结构等方法发掘促进地方经济增长的新产业新动能，以此为农村社会养老保障提供资金支持。

综上所述，按照当前标准农村居民社会养老保险的基础替代率和个人账户替代率都比较低，相比于其他养老保险的替代率差距明显。导致农村居民社会养老保险制度对农民老年生活的扶助力度偏弱。因此，采取有力措施调整政策，推动农村居民基本养老保险事业快速发展是我国社会保障建设的当务之急，也是我国能否顺利进入全面小康社会的关键一环。

# 7.2　政策建议

本书通过对我国农村居民基本养老保险的收入替代率、需求替代率和收益率进行分析，梳理了我国及相关调研地区的农村居民基本养老保险情况，在理性人和社会保障投资性质假设的基础上对农村居民投资理财的情况进行调研，并对农村居民基本养老保险和相关投资理财方式的收益率进行测算，根据农村居民的养老需求设定了农村居民基本养老保险的三大标准，并且提出了"三驾马车"的应对政策。

### 7.2.1 农村居民社会养老保险调整原则

第一，保基本，全覆盖。我国农村社会保障的基本要求是"保基本，全覆盖"，因此政策调整的出发点一定是保障农村居民的基本生活，并且对有需求的农村居民做到全面覆盖。本书在对农村居民基本生活需求和贫困地区农村居民生活需求的分析时发现，农村居民的基本生活尚不能通过现行的农村社会保障保证，亟须调整和完善。

第二，改善供给结构，提高供给效率。从供给侧改革的角度讲，必须提高供给效率，对于制度设计中的无效或者效率低下的层次必须及时进行调整，提高供给的精准度。从担保档次来看，过多的参保档次可能会造成无效的浪费，另外补贴不到位或者不具有梯度性也会造成补贴的效果浪费。要改变农村居民基本养老保险"聊胜于无"的状态，真正发挥其对农村居民的生活支持和辅助作用，必须提高养老保险的供给精准度和供给效率，满足人民的个性化需求。

第三，综合社会力量，建立多层支柱。农村社会养老保障不只是国家政府的责任，还是整个社会和每个人的责任，必须强调社会方方面面的投入。国家和地方财政的支撑只能在建立制度初期起到引导和建立作用，但是要保持养老保险制度的长期发展和可持续性，必须整合整个社会的力量，例如商业保险的引入、村镇集体的入股、个人的投入等。

### 7.2.2 政策调整方案建议

为提高我国农村居民基本养老保险的保障程度，进一步保障农村居民老年生活，满足居民生活需求，提高农民收入，农村社会养老保障政策还需要进一步调整和改进，在调整原则的基础上提出以下建议：

第一，增加基础养老金，保障农村居民基本生活。当前的基础养老金替代率整体水平比较低，不能满足农村居民的基本生活需求。由于农村社会养老保障制度建立时间短，长期积累效果还不能体现，提高基础养老金是效果最快最直接的政策工具，能够实现养老金待遇的跳级式飞跃。为了保障相对贫困地区老年人的基本生活，巩固脱贫攻坚成效和加快建设小康社会，建议快速提高基础养老金待遇，满足老年人的生活需求，补齐短板。考虑到财政的约束，建议分地区调整，对贫困地区和经济条件落后的地区先进行补助和提高，缩小区域差距。

同时还要及时建立财政储备资金，对基础养老金提供长期持续的支撑和补助。农村居民基本养老保险制度是一项长期建设的工程，对资金需求量较大，需要集全社会之力进行补助，这也是城市反哺乡村的必要举措，是缩小城乡差距的重要措施。

第二，建立梯度明显的补贴制度，加大农村居民参保吸引力。我国农村居民社会养老保险缴费档次设置过多，区分度不强。从精准供给的角度认为应当减少低缴费档次，增加高缴费档次。有一些地区已经根据实践减少了档次，是很好的尝试。例如，湖北省武汉市新洲区从 2009 年国务院开展新农保试点以来一直是新农保试点的重要地区之一。该地区的新农保主要通过个人年缴费（调查时分为 200 元、400 元、600 元、800 元、1000 元和 1200 元 6 个档次）和集体补助相结合的方式为农民提供养老保险。此外，500 元以下档次几乎没有区分度。赵建国等（2013）提出我国 90% 的农民具有选择中高档缴费标准（研究以 300～500 元/年为中高档）的能力。本书通过调研发现，如果有更多的补贴，部分地区的农民也可以接受档次调整为 500 元及以上档次。考虑到农村居民收入问题，连续的档次比较利于其逐步选择，而分段的档次可能跳跃性太强，可以先保留 12 个缴费档次，但是为了对农村居民选择高档次进行激励，建议将 500 元档次和 1000 元以上档次的补贴提高，与其他档次进行明显区分，以此引导参保居民向高档次递进。另外对于 1000 元、1500 元和 2000 元档次之间可以适当增加档次，以缓解 500 元的差距。

当前农村居民的主要选择档次已经由 100 元档次逐步向 200 元档次调整，说明农村居民有此意愿和倾向，因此要对缴费档次设置的科学性进一步研究和提高。在经济发达地区，建议在不扩大贫富差距的前提下适当增加缴费档次；在欠发达地区，在保证农村居民基本生活需求的情况下，考虑下调缴费档次。同时，在财政能力可及范围之内，中央政府和地方各级省市增加财政投入，体现政府的责任。

缴费补贴对地方财政而言是一项比较严峻的考验，但是从社会整体收益来看，农村社会保障是有利于社会稳定和经济增长的政策，地方政府应当从长远考虑，努力克服眼前困难，调配资金，积极促进社保基金增长，从而实现地方财政长期良性增长。

第三，加快农村社会保险基金运营建设，提高社保基金收益能力。从长期可持续发展角度看，收益能力是保持任何养老基金生命力的关键所在。农村居民基本养老保险建立时间不久，各项制度还不完善，基金运营基本靠储蓄收益，很容易造成养老基金缩水贬值。另外，必须要参考城市社保运营的经验和教训，加快社保基金运营建设，在保障安全的基础上提高社保收益能力。

在这方面，我国政府应借鉴国外养老金运营经验，采用多渠道、多方式分散经营，对养老金的投资方式进行多样化配置，积极利用金融工具实现养老金增值，利用固定资产、股票、债券、基金、海外投资等多种渠道为人民的养老钱保驾护航。

第四，结合多种养老途径，健全多支柱养老保障体系。结合农村居民基本养老保险制度与传统的养老方式、商业养老保险等，发挥其不可代替的养老效用。同时，结合传统的土地养老、家庭养老方式，在商业养老保险的补充下，发挥新农保的养老作用，真正建立健全多支柱、多层次的养老保障体系。在此整合过程中，推进补充养老保险制度的建立健全，加快商业保险运营规范建设，拓展商业养老保险品种，保证个人储蓄性养老资产拥有有效的投资渠道，同时逐步缩小农村居民基本养老保险替代率水平差异。在此基础上构建并健全多支柱养老保障体系。

具体的需要根据不同的收入群体采取不同途径。对于低收入家庭和其他收入水平相对较低的农民，需要政府帮扶，考虑从社会救助或由当地政府出资帮助缴纳最低水平的养老保险；对于中等收入以上的家庭，要鼓励考虑除传统的土地养老和家庭养老以外的养老途径，如个人储蓄养老、社会养老保险以及商业养老金，完善建立多支柱多层次的养老保障机制。

第五，加大宣传力度，提高政策和信息透明度。加大农村居民基本养老保险制度益处的宣传力度，借助激励参保政策等途径，吸引更广泛的城乡居民参保，依靠个人、家庭和政府三方共同力量，提高制度的可持续性并满足广大农村居民的基本生活需求水平。为了提高养老金的收益，必须鼓励农村居民积极参保，扩大参保基数，实现社会保障的良性运行。

要提高政策和信息的透明度，必须尽快建设社会养老保障信息平台，让农村居民快速掌握政策变化，了解个人账户信息、收益情况，对各种档次及收益有明确了解。当前农村社会养老保障的政策信息不够集中和连贯，本书在研究过程中搜集相关信息费了很大力气也并不能得到全部有效的信息，需要通过推测来估算相关数据，更何况大部分农村居民并不具备信息搜集能力。但他们很渴望了解政策信息，而基层工作人员由于个人素质、精力等条件限制并不能提供全面准确的信息。因此信息平台建设很有必要，建议尽快建立全面完整的信息平台，对于宣传政策也是很好的促进手段。

综上所述，本书在对我国农村居民基本养老保险的替代率、基本需求和收益情况进行综合分析的基础上，结合调研情况提出了相关政策建议。此外，在推广个人账户时，应充分考虑现实国情，尤其需审慎考量社会价值观、制度目标、人口结构以及经济增长等诸多因素。应破解个人账户设立之初提出的诸如收益率可以与工资增长率相等等假设，充分考虑个人账户低水平计息、替代率水平远远低于制度目标的现实。因此，个人账户制的推广应在收益率得到保证的前提下进行，避免造成务农农民和农民工的财产损失。

我国农村居民基本养老保险制度的建立使得我国社会保障体系更为完整，城乡社会保障体系更加有效，有利于推进基本公共服务均等化，构建社会主义和谐社会，有利于"三农"问题的妥善解决、有利于拉动内需促进经济发展以及有利于农民增收进而逐步缩小城乡差距。然而，在政策推进过程中还有诸多问题亟待解决，例如缴费和待遇水平调整机制，补贴效果与水平，缴费基数确定方法，老农保、失地农民基本养老保障、城镇企业职工基本养老保险、城镇居民基本养老保险之间衔接转续办法，以及中央和地方政府财政责任分配等问题均有待于进一步研究。

# 参考文献

［1］蔡宏昭．社会福利经济分析［M］．台北：扬智文化，2004.

［2］曹信邦．完善农村社会养老保险政府责任机制的探讨［J］．中国行政管理，2011（10）：1 - 10.

［3］曹园，杨再贵．我国机关事业单位养老保险新政下的替代率测算［J］．江西财经大学学报，2016（1）：59 - 67.

［4］陈华良，王超．香港、澳大利亚、美国年金计划比较［J］．中国社会保障，2006（4）：26 - 27.

［5］陈正光，骆正清，陆安．被征地农民养老保险与城乡居民社会养老保险整合成本分析［J］．江西财经大学学报，2014（3）：60 - 68 + 130.

［6］褚福灵．论养老保险的缴费替代率与待遇替代率［J］．北京市计划劳动管理干部学院学报，2006（1）：8 - 12.

［7］褚福灵．养老保险金替代率研究［J］．北京市计划劳动管理干部学院学报，2004（3）：17 - 21.

［8］邓大松，李琳．中国社会养老保险的替代率及其敏感性分析［J］．武汉大学学报（哲学社会科学版），2009（1）：97 - 105.

［9］邓大松，薛惠元．新型农村社会养老保险财政补助数额的测算与分析——基于2008 年的数据［J］．江西财经大学学报，2010（2）：38 - 42.

［10］邓大松，薛惠元．新型农村社会养老保险替代率的测算与分析［J］．山西财经大学学报，2010（4）：8－13.

［11］邓大松，薛惠元．新型农村社会养老保险替代率精算模型及其实证分析［J］．经济管理，2010（5）：164－171.

［12］邓大松，薛惠元．新型农村社会养老保险制度推行中的难点分析——兼析个人、集体和政府的筹资能力［J］．经济体制改革，2010（1）：86－92.

［13］邓大松，刘昌平．新农村社会保障体系研究［M］．北京：人民出版社，2007.

［14］房连泉．20世纪90年代以来巴西社会保障制度改革探析［J］．拉丁美洲研究，2009，31（2）：31－36＋62＋79.

［15］封进．新型农村养老保险制度：政策设计与实施效果［J］．世界经济情况，2010（8）：14－19.

［16］封进．中国养老保险体系改革的福利经济学分析［J］．经济研究，2004（2）：55－63.

［17］封铁英，董璇．以需求为导向的新型农村社会养老保险筹资规模测算——基于区域经济发展差异的筹资优化方案设计［J］．中国软科学，2012（1）：65－82.

［18］封铁英，李梦伊．新型农村社会养老保险基金收支平衡模拟与预测——基于制度风险参数优化的视角［J］．公共管理学报，2010（4）：100－110.

［19］冯兰．日本农村养老保险对我国的启示——基于政府责任的视角［J］．劳动保障世界，2012（12）：94－96.

［20］冯兰．现收现付制的新型农村社会养老保险供需测算［J］．求索，2012（10）：231－233.

［21］冯兰．新农保制度构建中的政府责任分析［J］．科技创业月刊，2013（1）：151－153.

［22］冯兰. 新型农村社会养老保险供需均衡分析［J］. 统计与决策，2012（8）：111 -114.

［23］付洪垒，仪秀琴，胡胜德. 黑龙江省新农保资金筹集制度完善研究——基于农民保险金收入替代率的视角［J］. 农业技术经济，2013（6）：48 -54.

［24］高建伟，高明. 中国基本养老保险替代率精算模型及其应用［J］. 数学的实践与认识，2006（5）：18 -23.

［25］关博. 城乡居民养老保险制度的社会保障学分析及完善——以北京市为例［J］. 北京工业大学学报（社会科学版），2012（2）：14 -19 +31.

［26］郭瑜. 机关事业单位养老保险改革的替代率测算［J］. 保险研究，2015（4）：79 -85 +92.

［27］郭瑜. 农民工养老保险的选择——基于替代率的研究［J］. 保险研究，2013（4）：110 -117.

［28］郝勇，周敏，郭丽娜. 适度的养老保险保障水平：基于弹性的养老金替代率的确定［J］. 数量经济技术经济研究，2010（8）：74 -87.

［29］何平，Hyung Ju Lee. 中国农村养老保险制度改革与发展报告［M］. 北京：中国经济出版社，2011.

［30］胡豹，卫新. 国外农村社会养老保障的实践比较与启示［J］. 商业研究，2006（7）：52 -55.

［31］胡宏伟，蔡霞，石静. 农村社会养老保险有效需求研究——基于农民参保意愿和缴费承受能力的综合考察［J］. 经济经纬，2009（6）：59 -63.

［32］华迎放. 统筹城乡养老保障理论与政策分析——基于江苏的实证研究［J］. 中国劳动，2008（10）：7 -17.

［33］黄丽，罗锋，刘红梅. 城乡居民社会养老保险政府补贴问题研究——基于广东省的实证研究［J］. 人口与经济，2014（3）：110 -116.

［34］黄丽. 城乡居民基本养老保险保障水平评估与反思——基于养老金

替代率视角［J］．人口与经济，2015（5）：91 - 99.

［35］黄亚钧．微观经济学（第二版）［M］．北京：高等教育出版社，2006.

［36］贾洪波，温源．基本养老金替代率优化分析［J］．中国人口科学，2005（1）：83 - 89 + 98.

［37］贾宁，袁建华．基于精算模型的"新农保"个人账户替代率研究［J］．中国人口科学，2010（3）：95 - 102 + 112.

［38］蒋云赟．我国农民工养老保险方案的再研究——基于财政负担视角的代际核算模拟［J］．财经研究，2013（10）：4 - 18.

［39］孔祥智，涂圣伟．中国现阶段农民养老意愿探讨——基于福建省永安、邵武、光泽三县（市）抽样调查的实证研究［J］．中国人民大学学报，2007（3）：71 - 77.

［40］寇铁军，苑梅．制度建设与财政支持——农村社会养老保险可持续发展研究［J］．财经问题研究，2011（1）：96 - 100.

［41］乐章．依赖与独立：新农保试行条件下的农民养老问题［J］．中国农村经济，2012（11）：88 - 96.

［42］李长远，杨建飞．论政府在农村社会养老保险制度中的财政责任［J］．华中农业大学学报（社会科学版），2008（5）：10 - 14.

［43］李春根，包叠．新形势下基本养老保险城乡一体化路径初探［J］．社会保障研究，2013（3）：29 - 35.

［44］李慧，孙东升．基于优化灰色模型和 RBF 神经网络的城乡居民社会养老保险等级推荐研究［J］．农业技术经济，2016（4）：41 - 50.

［45］李慧，孙东升．欧洲 4 国养老制度改革对中国推进新农保建设的启示［J］．世界农业，2016（8）：16 - 20.

［46］李慧，孙东升．新型农村社会养老保险对我国农民消费的影响——基于 SEM 的实证研究［J］．经济问题，2014（9）：68 - 71.

[47] 李时宇，冯俊新．城乡居民社会养老保险制度的经济效应——基于多阶段世代交叠模型的模拟分析［J］．经济评论，2014（3）：3–15.

[48] 李轩红．中国农村养老保险制度变迁的原因分析［J］．山东社会科学，2011（3）：118–123.

[49] 李艳荣．我国农民群体分化与农民社会养老保险体制的创新［J］．农业经济问题，2007（8）：19–25.

[50] 李杨，浦千里．评瑞典养老保险制度改革——兼论对中国的启示［J］．西北人口，2007（5）：31–35.

[51] 李迎生．社会保障与社会结构转型［M］．北京：中国人民大学出版社，2001.

[52] 李珍，王海东．基本养老保险个人账户收益率与替代率关系定量分析［J］．公共管理学报，2009（4）：45–51+125.

[53] 李珍，王海东．基本养老保险目标替代率研究［J］．保险研究，2012（2）：97–103.

[54] 李珍，王海东．基本养老保险替代率下降机理与政策意义［J］．人口与经济，2010（6）：59–65.

[55] 林宝．平均替代率、目标替代率与养老金压力估计［J］．人口与发展，2013（6）：11–18.

[56] 林义．加快推进城乡居民社会养老保险体系建设［J］．中国社会保障，2012（11）：45–47.

[57] 林义．农村社会保障的国际比较及启示研究［M］．北京：中国劳动社会保障出版社，2006.

[58] 林义．破解新型农村社会养老保险制度运行五大难［J］．中国社会保障，2009（9）：14–16.

[59] 林义．社会保障基金管理［M］．北京：中国劳动社会保障出版社，2002.

[60] 刘昌平，邓大松，殷宝明．"乡—城"人口迁移对中国城乡人口老龄化及养老保障的影响分析［J］．经济评论，2008（6）：31 – 38．

[61] 刘昌平，谢捧．财政补贴型新型农村社会养老保险制度研究［J］．东北大学学报（社会科学版），2009（5）：432 – 435．

[62] 刘昌平，殷宝明．新型农村社会养老保险财政补贴机制的可行性研究——基于现收现付平衡模式的角度［J］．江西财经大学学报，2010（3）：35 – 40．

[63] 刘宁，何铁彦．社会养老保险替代率评估模型的构建与运用［J］．兰州大学学报，2005（6）：118 – 122．

[64] 刘昕．荷兰社会保障制度改革及其启示［J］．理论与改革，1999（3）．

[65] 刘学良．中国养老保险的收支缺口和可持续性研究［J］．中国工业经济，2014（9）：25 – 37．

[66] 刘颖，赵萌．浅析养老保险的跨城乡衔接［J］．中国社会保障，2011（1）：46 – 47．

[67] 柳清瑞等．中国养老金替代率适度水平研究［M］．沈阳：辽宁大学出版社，2004．

[68] 卢昱昕，万磊，石玉建．城乡居民养老保险待遇调整的精算分析［J］．中国社会保障，2013（4）：36 – 38．

[69] 陆解芬．论政府在农村养老社会保险体系建构中的作用［J］．理论探讨，2004（3）：56 – 57．

[70] 罗汉群．河南省城乡居民社会养老保险缴费档次选择研究——以开封市尉氏县为例［J］．社会保障研究，2014（1）：27 – 32．

[71] 马光荣，周广肃．新型农村养老保险对家庭储蓄的影响：基于 CFPS 数据的研究［J］．经济研究，2014（11）：116 – 129．

[72] 孟醒．统筹城乡社会保障：理论·机制·实践［M］．北京：经济

155

科学出版社，2005.

[73] 米红．农村社会养老保障理论、方法与制度设计 ［M］．杭州：浙江大学出版社，2007.

[74] 米红，邱晓蕾．中国城镇社会养老保险替代率评估方法与实证研究——兼论不同收入群体替代率的比较 ［J］．数量经济技术经济研究，2005（2）：12 - 18 + 32.

[75] 米红，王丽郡．从覆盖到衔接：论中国和谐社会保障体系"三步走"战略 ［J］．劳动保障世界，2010（1）：3 - 8.

[76] 米红，王鹏．新农保制度模式与财政投入实证研究 ［J］．中国社会保障，2010（6）：28 - 30.

[77] 米红，杨翠迎．农村社会养老保障制度基础理论框架研究 ［M］．北京：光明日报出版社，2008.

[78] 米红．农村社会养老保险的模式、识别方法技术与政策仿真 ［M］．北京：华龄出版社，2006.

[79] 牟放．西方国家农村养老保险制度及对我国的启示 ［J］．地方财政研究，2005（12）：48 - 52.

[80] 穆怀中，陈曦．城乡养老保险梯度协调系数及其社会福利改进效应研究 ［J］．经济学家，2014（9）：33 - 40.

[81] 穆怀中，柳清瑞，沈毅．新型农村养老保险的财务负担水平分析 ［J］．社会保障研究，2011（4）：3 - 10.

[82] 穆怀中，沈毅，陈曦．农村养老保险综合替代率及其结构分析 ［J］．人口与发展，2013（6）：2 - 10.

[83] 穆怀中，沈毅．中国农民养老生命周期补偿理论及补偿水平研究 ［J］．中国人口科学，2012（2）：2 - 13 + 111.

[84] 穆怀中，闫琳琳，张文晓．养老保险统筹层次收入再分配系数及全国统筹类型研究 ［J］．数量经济技术经济研究，2014（4）：19 - 34.

［85］穆怀中．养老金指数调整［M］．北京：中国劳动社会保障出版社，2008.

［86］钱敏．收益率波动与基本养老保险替代率结构调整［J］．人口与经济，2010（1）：48－55.

［87］钱振伟，卜一，张艳．新型农村社会养老保险可持续发展的仿真评估：基于人口老龄化视角［J］．经济学家，2012（8）：58－65.

［88］尚长风．农村养老保险制度的财政学反思［J］．南京大学学报（社会科学版），2004（5）：113－118.

［89］沈苏燕，李放，谢勇．中青年农民养老意愿及影响因素分析基于南京五县区的调查数据［J］．农业经济问题，2009（1）：84－89.

［90］沈毅．中国城乡居民社会养老保险适度水平研究——基于"生存公平"需求的测算与比较［J］．西部论坛，2015（2）：47－53.

［91］石阳，王满仓．现收现付制养老保险对储蓄的影响——基于中国面板数据的实证研究［J］．数量经济技术经济研究，2010（3）：96－106.

［92］孙博，雍岚．城镇职工基本养老保险替代率预测及比较研究——以陕西为例［J］．西北人口，2009（1）：7－12.

［93］孙博，雍岚．养老保险替代率警戒线测算模型及实证分析——以陕西省为例［J］．人口与经济，2008（5）：65－70.

［94］孙永勇，李娓涵．从费率看城镇职工基本养老保险制度改革［J］．中国人口科学，2014（5）：67－78＋127.

［95］庹国柱，王国军，朱俊生．制度建设与政府责任——中国农村社会保障问题研究［M］．北京：首都经济贸易大学出版社，2009.

［96］庹国柱，朱俊生．国外农民社会养老保险制度的发展及其启示［J］．人口与经济，2004（4）：60－66.

［97］汪柱旺．农村养老保险中政府职责分析［J］．软科学，2006（6）：122.

［98］王翠琴，田勇．城乡居民基本养老保险缩小了收入差距吗？——基于湖北省数据的实证检验［J］．农村经济，2015（12）：74-79.

［99］王海东．我国退休年龄政策及其对个人账户替代率的影响研究［J］．保险研究，2013（5）：82-93.

［100］王海娟．城乡居民基本养老保险制度及其意义分析［J］．劳动保障世界，2015（S1）：219-220.

［101］王晓东．西部地区社会养老保险制度城乡统筹：可能与可为［J］．理论探索，2013（2）：77-81.

［102］王晓军，米海杰．澄清对养老金替代率的误解［J］．统计研究，2013（11）：52-59.

［103］王晓军，任文东．我国养老保险的财务可持续性研究［J］．保险研究，2013（4）：118-127.

［104］王晓军．我国基本养老保险的十个"迷思"［J］．保险研究，2013（11）：96-104.

［105］王晓军．中国养老金制度及其精算评价［M］．北京：经济科学出版社，2000.

［106］王亚柯，王宾，韩冰洁，高云．我国养老保障水平差异研究——基于替代率与相对水平的比较分析［J］．管理世界，2013（8）：109-117.

［107］王寅，徐晓婷，初雪．城乡居民社会养老保险研究综述［J］．劳动保障世界，2015（S2）：117-119.

［108］王振军．新形势下城乡居民社会养老保险的优化设计［J］．人口与经济，2017（1）：95-103.

［109］武萍，隋保忠，陈曦．耗散结构视阈下城镇职工养老保险运行分析［J］．中国软科学，2015（5）：173-183.

［110］项洁雯．农村社会养老金替代率水平及政策仿真研究［D］．浙江大学，2015.

［111］肖金萍．农村养老保险的制度"缺失"与"补位"［J］．改革，2010（4）：88－92.

［112］肖燕娜．农村社会养老保险筹资途径研究［J］．福建农林大学学报，2007（3）：33－37.

［113］徐丽萍，王小林，郭平，尚晓援．中国老年人生活成本和标准消费系数测算［J］．人口与发展，2011（3）：26－34.

［114］徐文芳．国外农村养老保障实践及对我国的启示［J］．社会保障研究，2010（2）：8－15.

［115］徐颖，李晓林．中国社会养老保险替代率水平研究述评［J］．求索，2009（9）：5－8＋42.

［116］许晓丹，郭圣乾．事业单位养老保险改革替代率分析［J］．社会保障研究，2011（5）：51－56.

［117］薛惠元，邓大松．我国养老保险制度改革的突出问题及对策［J］．经济纵横，2015（5）：82－88.

［118］薛惠元，宋甜．机关事业单位养老保险改革降低了工作人员的养老待遇吗？——基于替代率水平的测算与分析［J］．经济体制改革，2015（6）：177－184.

［119］薛惠元，王翠琴．"新农保"财政补助政策地区公平性研究——基于2008年数据的实证分析［J］．农村经济，2010（7）：95－99.

［120］薛惠元，张微娜．建立城乡统一的社会养老保险制度——基本理念、基本路径与制度模式［J］．税务与经济，2014（3）：1－9.

［121］颜令帅，吴忠，向甜，职韵秋．城乡居民社会养老保险制度建设探究［J］．劳动保障世界（理论版），2012（11）：49－52.

［122］杨斌，丁建定．中国养老保险制度政府财政责任：差异及改革［J］．中央财经大学学报，2015（2）：10－17.

［123］杨翠迎．农村基本养老保险制度理论与政策研究［M］．杭州：浙

江大学出版社，2007.

［124］杨俊．中国公共养老保险制度宏观学分析［M］．北京：中国劳动社会保障出版社，2009.

［125］杨礼琼．农村养老保险意愿缴费能力因素分析［J］．经济学动态，2011（3）：84－87.

［126］杨立雄．建立非缴费性的老年津贴——农村养老保障的一个选择性方案［J］．中国软科学，2006（2）：11－21.

［127］杨燕绥．政府与社会保障——关于政府社会保障责任的思考［M］．北京：中国劳动社会保障出版社，2007.

［128］杨再贵．不定寿命条件下城镇公共养老金最优替代率的理论与实证研究［J］．管理评论，2011（2）：28－32＋44.

［129］殷晨昕．城镇基本养老保险最优延迟退休率及社会统筹养老保险替代率研究［D］．厦门大学，2014.

［130］于长永．农民养老风险、策略与期望的代际差异［J］．农业经济问题，2015（3）：24－32＋110.

［131］余桔云．并轨前后养老保险制度的替代率和公平性评估［J］．改革，2015（7）：82－90.

［132］袁磊．延迟退休能解决养老保险资金缺口问题吗？——72种假设下三种延迟方案的模拟［J］．人口与经济，2014（4）：82－93.

［133］袁志刚，李珍珍，封进．城市化进程中基本养老保险制度的保障水平研究［J］．南开经济研究，2009（4）：3－4.

［134］袁志刚．养老保险经济学［M］．北京：人民出版社，2005.

［135］袁中美．延迟退休与养老金替代率的探讨［J］．人口与经济，2013（1）：101－106.

［136］约瑟夫·E.斯蒂格利茨．经济学（第三版）［M］．黄险峰，张帆译．北京：中国人民大学出版社，2005.

[137] 曾益, 任超然, 刘倩. 破解养老金支付危机: "单独二孩"政策有效吗? ——以城镇职工基本养老保险为例 [J]. 财经研究, 2015 (1): 21 - 34.

[138] 张朝华. 农户参加新农保的意愿及其影响因素——基于广东珠海斗门、茂名茂南的调查 [J]. 农业技术经济, 2010 (6): 4 - 10.

[139] 张思锋. 社会保障精算理论与应用 [M]. 北京: 人民出版社, 2006.

[140] 张苏, 王婕. 养老保险、孝养伦理与家庭福利代际帕累托改进 [J]. 经济研究, 2015 (10): 147 - 162.

[141] 张彦, 李春根. 我国养老保险基本替代率水平研究——基于江西省的实证分析 [J]. 江西财经大学学报, 2015 (5): 62 - 70.

[142] 张迎斌, 刘志新, 柏满迎, 罗淇耀. 我国社会基本养老保险的均衡体系与最优替代率研究——基于跨期叠代模型的实证分析 [J]. 金融研究, 2013 (1): 79 - 91.

[143] 张玉梅, 陈志钢. 惠农政策对贫困地区农村居民收入流动的影响 基于贵州3个行政村农户的追踪调查分析 [J]. 中国农村经济, 2015 (7): 70 - 81.

[144] 赵光, 李放. 养老保险对土地流转促进作用的实证分析 [J]. 中国人口·资源与环境, 2014 (9): 118 - 128.

[145] 郑秉文. "名义账户"制: 我国养老保障制度的一个理性选择 [J]. 管理世界, 2003 (8): 33 - 45.

[146] 郑秉文. "中等收入陷阱"与中国发展道路——基于国际经验教训的视角 [J]. 中国人口科学, 2011 (1): 2 - 15 + 111.

[147] 郑秉文. 改革开放 30 年中国流动人口社会保障的发展与挑战 [J]. 中国人口科学, 2008 (5): 2 - 17 + 95.

[148] 郑秉文. 机关事业单位养老金并轨改革: 从"碎片化"到"大一统" [J]. 中国人口科学, 2015 (1): 2 - 14 + 126.

［149］郑秉文. 欧债危机下的养老金制度改革——从福利国家到高债国家的教训［J］. 中国人口科学, 2011（5）: 2-15+111.

［150］郑秉文. 养老保险"名义账户"制的制度渊源与理论基础［J］. 经济研究, 2003（4）: 63-71+93.

［151］郑秉文. 中国企业年金发展滞后的政策因素分析——兼论"部分 TEE"税优模式的选择［J］. 中国人口科学, 2010（2）: 2-23+111.

［152］郑秉文. 中国社会保险经办服务体系的现状、问题及改革思路［J］. 中国人口科学, 2013（6）: 2-16+126.

［153］郑秉文. 中国社会保障制度60年: 成就与教训［J］. 中国人口科学, 2009（5）: 2-18+111.

［154］郑功成. 从地区分割到全国统筹——中国职工基本养老保险制度深化改革的必由之路［J］. 中国人民大学学报, 2015（3）: 2-11.

［155］郑功成. 社会保障概论［M］. 上海: 复旦大学出版社, 2006.

［156］郑功成. 社会保障学——理念、制度、实践与思辨［M］. 北京: 商务印书馆, 2000.

［157］郑功成. 中国社会保障30年［M］. 北京: 人民出版社, 2008.

［158］郑功成. 中国社会保障改革与发展战略——理念、目标与行动方案［M］. 北京: 人民出版社, 2008.

［159］郑功成等. 中国社会保障制度变迁与评估［M］. 北京: 中国人民大学出版社, 2002.

［160］郑婉仪, 陈秉正. 企业年金对我国退休职工养老保险收入替代率影响的实证分析［J］. 管理世界, 2003（11）: 64-70.

［161］钟涨宝, 李飞. 动员效力与经济理性: 农户参与新农保的行为逻辑研究——基于武汉市新洲区双柳街的调查［J］. 社会学研究, 2012（3）: 139-156+244-245.

［162］宗庆庆, 刘冲, 周亚虹. 社会养老保险与我国居民家庭风险金融

资产投资——来自中国家庭金融调查（CHFS）的证据［J］．金融研究，2015
（10）：99 – 114.

［163］Abdulai，A.，Aubert，D. A Cross – Section Analysis of Household
Demand for Food and Nutrients in Tanzania［J］．Agricultural Economics，2004，
31（1）：67 – 79.

［164］Atkinson，A. B.，Gomulka，J.，Stern，N. H. Spending on Alcohol：
Evidence from the Family Expenditure Survey 1970 – 1983［J］．The Economic Jour-
nal，1990，402（100）：808 – 827.

［165］Banks，J.，Blundell，R.，Lewbel，A. Quadratic Engel Curves and
Consumer Demand［J］．Rev Econ Statist，1997（79）：527 – 539.

［166］Barro，R. J. Rational Expectations and the Role of Monetary Policy
［J］．Journal of Monetary Economics，1976，2（1）：1 – 32.

［167］Batde，K. Pension Reform in Canada［J］．Canadian Journal on Ag-
ing/La Revue Canadienne du Vieillissement，1997，16（3）：519 – 552.

［168］Bodie，Z.，Shoven，J. B. Introduction to "Financial Aspects of the U
nited States Pension System"［A］// In Financial Aspects of the United States Pen-
sion System［M］．University of Chicago Press，1983.

［169］Borsch – Supan，A. A Model under Siege：A Case Study of the German
Retirement Insurance System［J］．The Economic Journal，2000，110（461）：
24 – 45.

［170］Case，A. Deaton，A. Large Cash Transfers to the Elderly in South Afri-
ca［J］．The Economic Journal，1998，108（2）：1330 – 1361.

［171］Deaton，A.，Muellbauer，J. An Almost Ideal Demand System［J］．
American Economic Review，1980，70（3）：312 – 326.

［172］Diamond，P. A. The Economics of Social Security Reform［R］．
NBER Working Paper，1998.

[173] Diamond, P. A. A Framework for Social Security Analysis [J]. Journal of Public Economics, 1997 (8): 57 – 74.

[174] Diamond, P. A. National Debt in a Neoclassical Growth Model [J]. American Economic Review, 1965, 55 (3): 1126 – 1650.

[175] Doyle, S., Mitchell, O. S., Piggott, J. Annuity Values in Defined Contribution Retirement Systems: Australia and Singapore Compared [J]. Australian Economic Review, 2004, 37 (4): 402 – 416.

[176] Doyle, S., Mitchell, O. S., Piggott, J. Annuity Values in Defined Contribution Retirement Systems: The Case of Singapore and Australia [J]. National Bureau of Economic Research, 2001 (2).

[177] Ecker, O., Qaim, M. Analyzing Nutritional Impacts of Policies: An Empirical Study for Malawi [J]. World Development, 2011, 39 (3): 412 – 428.

[178] Ehrentraut, O., Heidler, M., Raffelhuschen, B. En Route to Sustainability: History, Status Quo and Future Reforms of the German Public Pension Scheme [J]. Intereconomics, 2005, 40 (5): 254 – 257.

[179] Green, R., Comelsen, L., Dangour, A., Turner, R., Shankar, B., Mazzocchi, M., et al. The Effect of Rising Food Prices on Food Consumption: Systematic Review with Metaregression [J]. British Medical Journal, 2013, 37 (3): 346.

[180] Helmut, Schwarzer, Ana, Carolina, Querino. Non – contributory Pensions in Brazil: The Impact on Poverty Reduction [M]. Geneva, International Labor Office, 2002: 11 – 14.

[181] Jensen, R. Do Private Transfers Displace the Benefits of Public Transfers? [J]. Evidence from South Africa, Journal of Public Economics, 2003, 88 (3): 89 – 112.

[182] Kopits, G., Gotur, P. The Influence of Social Security on Household

Savings: A Cross – country Investigation [J] . International Monetary Fund, 1979, 27 (1): 161 – 190.

[183] Kotlikoff, L. J. , Shoven, J. B. , Spivak, A. The Effect of Annuity Insurance on Savings and Inequality [J] . Journal of Labor Economics, 1986 (4): 183 – 207.

[184] Lassila, Jukka, Tarmo, Valkonen. Pension Prefunding, Ageing, and Demographic Uncertainty [J] . International Tax and Public Finance, 2001, 8 (4): 573 – 593.

[185] Leser, C. E. V. Forms of Engel functions [J] . Econometrica, 1963, 31 (4): 694 – 703.

[186] Lluch C. The Eextended Linear Expenditure System [J] . European E-conomic Review, 1973, 4 (1): 21 – 32.

[187] Modiglian, F. , Brumberg, R. Utility Analysis and the Consumption Function: An Interpretation of Cross – section Data [M] . New Brunswick NJ: Rutgers University Press, 1979.

[188] Pollak, R. A. , T. J. Wales. Demographic Variables in Demand Analysis [J] . Econometrica, 1981, 49 (6): 1533 – 1551.

[189] Posel, D. , Casale, D. What has been Happening to Internal Labour Migration in South Africa, 1993 – 1999? [J] . South African Journal of Economics, 2003, 71 (3): 455 – 479.

[190] Ruel, M. T. Operationalizing Dietary Diversity: A Review of Measurement Issues and Research Priorities [J] . The Journal of Nutrition, 2003, 133 (2): 3911 – 3926.

[191] Samuelson, P. An Exact Consumption – loan Models of Interest with or Without the Social Contrivance of Money [J] . Journal of Political Economics, 1958 (2): 467 – 482.

［192］ Settergren, O. The Automatic Balance Mechanism of the Swedish Pension System ［M］. Wirtschaftspolitische Blatter, 2001.

［193］ Stone, R. Linear Expenditure Systems and Demand Analysis: An Application to the Pattern of British Demand ［J］. The Economic Journal, 1954, 255 (64) 511 – 527.

［194］ Theodore, W. Schultz, Institutions and the Rising Economic Value of Man ［J］. American Journal of A agricultural Economics, 1968, 50 (5): 1113 – 1122.

［195］ Vebric, M. , Majcen, B. , Nieuwkoop, V. R. Sustainability of the Slovenian Pension System – An Analysis with an Overlapping – generations General Equilibrium Model? ［J］. Eastern European Economics, 2006, 44 (4): 60 – 81.

［196］ Working, H. Statistical Laws of Family Expenditure ［J］. Journal of the American Statistical Association, 1943, 221 (38): 43 – 56.

［197］ World Bank. Averting the Old Age Crisis : Policies to Protect the Old and Promote Growth ［M］. New York: Oxford University Press, 1994.

［198］ Zurita, S. Minimum Pension Insurance in the Chilean Pension System ［J］. Revista de Andlisis Economico Economic Analysis Review, 2010, 9 (1): 106 – 126.

# 附录一

## 关于农村社会保障问题的调查问卷
## ——中青年版

您好！我们是中国农业科学院的老师/学生。为对农村社会保障问题进行研究，我们编制了此问卷进行访问调查。本调查问卷所得信息数据纯粹用于科学研究，并且依法对您的个人信息严格保密。请您根据个人实际情况回答，每户仅限一人回答，衷心感谢您对农村科研事业的支持！

中国农业科学院农业经济与发展研究所

调查员姓名：_____

调研日期：　　　年　　　月　　　日

调查地区：_____省_____县（市）_____乡（镇）_____行政村

### 一、个人和家庭基本信息

（一）受访者信息

1. 性别：　男　　女

2. 年龄：_____周岁。

3. 文化程度：

①没有上过学　　　　②小学　　　　　　③初中

④高中（含中专技校）　⑤大专、本科及以上

4. 主要从事的职业类型：

①务农　　　　　　②务工　　　　　　③兼业农民（务农也务工）

④村干部等公职人员　⑤其他_____

5. 自我评价健康程度：

①很不好　　　　　②不太好　　　　　③一般

④身体比较好　　　⑤身体很好

6. 婚姻状况：

①已婚且婚姻完整　②未婚　　　　③离异　　　④丧偶

7. 您是党员吗？

①是　　　　　　　②否

8. 家庭成员：

家里有_____人（同住，没有分家），家里有_____个老人（60岁及以上）。

9. 子女状况：

（1）您是否有子女？

①有，_____个，男_____个，女_____个

②没有（填第10题）

（2）您是否有子女同住？

①是　　　　　　　②否

（3）是否有子女在上学？

①是　　　　　　　②否

（4）是否有子女在外务工或者工作？

①是　　　　　　　　②否

10. 您家有几人外出务工或工作？ ＿＿＿＿＿人。

11. 您家是否得到过政府的相关支持项目？

①是　　　　　　　　②否

12. 您对政府信任吗？

①不信任　　　　　　②不太信任　　　　　③一般

④比较信任　　　　　⑤非常信任

13. 家庭耕地＿＿＿＿＿亩。

14. 家庭参保情况：

| 2015 年交费人数 | 交费总金额（元） | 2015 年领取人数 | 合计领取金额（元） |
|---|---|---|---|
| | | | |

15. 您认为自己的家庭属于当地的什么水平？

①最贫穷的家庭　　　　②比较穷的家庭

③一般中等　　　　　　④比较宽裕　　　　　⑤富裕家庭

16. 2015 年家庭总收入＿＿＿＿＿元。

17. 2015 年家庭最主要收入来源是什么？

①务农　　　　　　　　②务工　　　　　　　③务农和务工

④投资理财　　　　　　⑤其他＿＿＿＿＿

18. 2015 年家庭总支出＿＿＿＿＿元。

19. 2015 年家庭最主要的支出是什么？

①购买食品烟酒等和衣服　　　　　　　　②住房

③买车和交通　　　　　④教育娱乐　　　　　⑤其他＿＿＿＿＿

(二) 户主信息（如果受访者是户主本人则跳过）

1. 户主性别：　　男　　　　女

2. 户主年龄：_____周岁。

3. 户主文化程度：_____。

①没有上过学　　　　②小学　　　　　　③初中

④高中（含中专技校）　⑤大专本科及以上

4. 户主主要从事的职业类型：

①务农　　　　　　　②外出务工　　　　③兼业农民（务农和务工）

④村干部等公职人员　⑤其他_____

5. 户主健康程度：

①身体很不好　　　　②身体不太好　　　③一般

④身体比较好　　　　⑤身体很好

6. 户主婚姻状况：

①已婚且婚姻完整　　②未婚　　　　　　③离异　　　　　④丧偶

7. 户主是否是党员？

①是　　　　　　　　②否

8. 2015 年户主个人总收入_____元。

## 二、农村社会保障问题

请参加了新农保的农户回答：

1. 您参加新农保的最主要原因是什么？

①觉得挺好的，养老有保障

②看见别人参加也跟着参加了

③村里统一给参加的（或给出了建议）

④不参加不给老人发养老金

⑤其他_____

2. 您的缴费方式是：

①每年缴　　　　　　②一次性缴费

③征地补偿　　　　　④其他_____

（1）如果是每年缴，2015年新农保缴费_____元。

（2）如果是一次性缴费，一次性缴了多少？_____元。

3. 您参加新农保政府是否有补贴？（如个人缴100元政府补30元）

①有，_____元　　　②没有　　　　　③不清楚

4. 新农保最高档是每年缴多少钱？

①_____元　　　　　②不知道

5. 您主要根据什么选择参保档次？

①根据收入　　　　　　②看别人

③村里统一的　　　　　④根据补贴或者收益

⑤不知道，随便选的　　⑥其他_____

6. 您是否选择了最高参保档次？

①是（回答25.1）　　　②否（回答25.2）

（1）如果有更高档次，您是否还愿意选择更高档次？

①是（回答26）　　　　②否（回答25.3）

（2）您明年是否打算提高参保档次？

①不打算（25.3）　　　②在考虑（25.3）　　③会提高

（3）您为什么不愿意选择更高档次的新农保？

①经济原因，觉得有点贵　　　　　　　②觉得不太合算

③对政策不太了解　　　　　　　　　　④对政策不太信任

⑤其他_____

7. 如果参保补贴提高了，您是否愿意提高参保档次？

①不愿意　　　　　　　②可以考虑　　　③愿意

8. 您会因为有了新农保减少劳动么？

①不会　　　　　　　　②会

没有参加新农保的农户回答：

9. 您不参加新农保的最主要原因是什么？

①觉得没有用或者用处不大　　②看见别人不参加自己也不参加

③不知道不清楚这个政策　　④不相信政策能持续下去

⑤年龄还小，再考虑考虑　　⑥有其他的保险

⑦其他_____

10. 参加新农保是否有补贴？

①有_____元　　②没有　　③不清楚

11. 新农保最高档是每年交多少钱？

①_____元　　②不知道

12. 如果参保补贴提高了，您是否愿意参保？

①不愿意　　②可以考虑　　③愿意

全部回答的问题：

13. 您是否知道您或者其他人在 60 岁以后每个月可以领取多少养老金？

①不知道　　②大概知道

14. 您认为新农保的办理程序方便吗？

①很方便　　②一般　　③不太方便　　④不知道

15. 您认为新农保的领取程序方便么？

①很方便　　②一般　　③不太方便　　④不知道

16. 您对新农保有什么担心的地方？

①能不能按时按量领到钱

②自己交的养老保险金会不会被挪用

③物价上涨后，领到的钱没有多大用处

④没有担心

17. 您认为新农保是一项投资理财方式吗？

①是　　②不是　　③不知道

18. 您认为新农保合算吗？

①合算　　　　　②一般　　　　　③不合算　　　　　④不知道

19. 您认为新农保的作用大吗?

①大　　　　　②一般　　　　　③不大

20. 您家的投资理财方式有哪些? 占投资比例是多少?

| 方式 | 比例 | 方式 | 比例 |
|---|---|---|---|
| ①银行储蓄 |  | ②购买银行理财产品 |  |
| ③股票、基金或者投资房地产 |  | ④商业保险 |  |
| ⑤新农保 |  | ⑥其他 |  |

(如全部是储蓄, 储蓄就是100%)

21. 哪个收益最高? 哪个收益最低? 哪个风险最大? 哪个风险最小?

|  | 收益最高 | 收益最低 | 风险最大 | 风险最小 |
|---|---|---|---|---|
| ①银行储蓄 |  |  |  |  |
| ②理财产品 |  |  |  |  |
| ③股票基金房地产等投资 |  |  |  |  |
| ④商业保险 |  |  |  |  |
| ⑤新农保 |  |  |  |  |
| ⑥不知道 |  |  |  |  |

22. 您认为农民可以劳动到多少岁? (靠劳动养活自己)

_____岁 (提示: 60 岁、65 岁、70 岁、75 岁等)。

23. 您认为一个 60 岁以上老人每年的基本生活花销大约有多少?

_____元, 平均每月_____元。

24. 您认为目前的新农保能占老人生活支出的比例是多大?

①10% 以下　　　　②10% ~30%　　　　③30% ~50%

④50% 及以上　　　　⑤不太清楚

25. 您的家庭每年是否要给老人生活费?

①是　　　　　　　　②否

26. 如果您的家庭每年要给老人钱, 在老人领到养老保险后, 您给老人的钱是否可以减少?

①可以根据情况适当减少

②不会减少, 该给多少还多少

27. 自从老人可以领养老金后, 对您家庭赡养老人负担有影响吗?

①没有　　　　　　②感觉有所减轻　　　③感觉减轻了很多

28. 你认为老年人最需要的养老服务是什么?

①照料日常生活起居　　　　　　②看病等医疗护理服务

③陪着说话聊天　　　　　　　　④其他需求

29. 您是否考虑过自己的养老问题?

①没有　　　　　　②考虑过

30. 您认为您是否能给自己攒下养老钱?

①完全不能　　　　②估计不能　　　　③应该能

31. 您是否会因为有了养老保险而少存养老钱?

①会少存点　　　　②不会, 还是会照原来的计划尽量攒

32. 您目前主要考虑的问题是什么?

①给子女攒上学的钱　　　　　　②给子女攒结婚的钱

③给自己攒钱　　　　　　　　　④家庭成员看病的支出

⑤还债务　　　　　　　　　　　⑥攒钱养老

33. 未来您最可能会在哪里养老?

①农村　　　　　　②城市　　　　　　③不一定, 不知道, 没考虑

34. 你打算依靠什么养老?

①依靠子女养老　　　　　　　　②自己攒钱养老

③社会养老保险养老　　　　　　④商业保险养老

⑤社会救助养老　　　　　　　　　⑥我还不太清楚，现在没考虑

**35. 您打算怎么养老?**

①在家靠子女照顾或者自己在家养老　　②社区养老

③养老院养老　　　　　　　　　　　④其他_____

**36. 您是否愿意去养老院养老?**

①不愿意　　　　　②看情况　　　　　③愿意

**37. 您是否购买了商业保险?**

①是　　　　　　　②否

（1）您家购买商业保险的最主要原因是:

①觉得挺好的，生活更有保障

②看见别人买也跟着买了

③被推销人员劝说或者家里有人（亲戚朋友）是卖保险的

④其他_____

（2）不买商业保险的最主要原因是:

①觉得没有用或者用处不大

②周围没有多少人买自己也不买

③不知道不清楚商业保险

④不相信商业保险，怕被骗

⑤太贵了，买不起

⑥其他_____

**38. 您家购买商业保险情况:**

| 购买人数 | 购买种类（几种） | 2015 年合计缴费金额（元） |
|---|---|---|
|  |  |  |

**39. 您是否购买了商业养老保险?**

①是　　　　　　　②否

40. 交商业保险费有没有影响您家庭的日常生活？＿＿＿＿＿＿＿

①几乎没有影响

②有一些影响，感觉手头有点紧了

③影响很大，要省吃俭用

④感到生活有了保障，更敢花钱了

41. 您认为所购买的商业保险作用怎么样？

①一点用也没有，后悔了　　　　　②不太有用

③作用一般　　　　　　　　　　　④比较有用

⑤作用较大

42. 您认为目前国家提供的和您购买的保险能否满足保障需求？

①完全不能　　　②不太能　　　③一般

④基本可以　　　⑤完全可以

43. 如果有比较合适的养老保险，您家庭能承受的养老保险类的最大支出大概为每年多少？

①500 元以内　　　②500～1000 元　　　③1000～3000 元

④3000～5000 元　　　⑤5000 元及以上

# 关于农村社会保障问题的调查问卷
## ——老年人版

您好！我们是中国农业科学院的老师/学生。为对农村社会保障问题进行研究，我们编制了此问卷进行访问调查。本调查问卷所得信息数据纯粹用于科学研究，并且依法对您的个人信息严格保密。请您根据个人实际情况回答，每户仅限一人回答，衷心感谢您对农村科研事业的支持！

中国农业科学院农业经济与发展研究所

调查员姓名：_____

调研日期：　　　年　　　月　　　日

调查地区：_____省_____县（市）_____乡（镇）_____行政村

# 一、个人和家庭基本信息

(一) 受访者信息

1. 性别：　　男　　　女

2. 年龄：_____周岁。

3. 文化程度：

①没有上过学　　　　　②小学　　　　　　③初中

④高中（含中专技校）　⑤大专、本科及以上

4. 主要从事的职业类型：

①务农　　　　　　　②务工　　　　　　③兼业农民（务农也务工）

④村干部等公职人员　⑤其他_____

5. 自我评价健康程度：

①很不好　　　　　②不太好　　　　　③一般

④身体比较好　　　⑤身体很好

6. 婚姻状况：

①已婚且婚姻完整　②未婚　　　　③离异　　　　④丧偶

7. 您是党员吗？

①是　　　　　　　②否

8. 家庭成员：家里有_____人（同住，没有分家），家里有_____个老人（60岁及以上）。

9. 子女状况：

（1）您是否有子女？

①有，_____个，男_____个，女_____个

②没有（填第 10 题）

（2）您是否有子女同住？

①是　　②否

（3）是否有子女在上学？

①是　　②否

（4）是否有子女在外务工或者工作？

①是　　②否

10. 您家有几人外出务工或工作？_____人。

11. 您家是否得到过政府的相关支持项目？

①是　　②否

12. 您对政府信任吗？

①不信任　　　　②不太信任　　　　③一般　　　　④比较信任

⑤非常信任

13. 家庭耕地_____亩。

14. 家庭参保情况：

| 2015 年交费人数 | 交费总金额（元） | 2015 年领取人数 | 合计领取金额（元） |
|---|---|---|---|
|  |  |  |  |

15. 认为自己的家庭属于当地的什么水平？

①最贫穷的家庭　　②比较穷的家庭　　③一般中等　　④比较宽裕

⑤富裕家庭

16. 2015 年家庭总收入_____元。

17. 2015 年家庭最主要收入来源是什么？

①务农　　　②务工　　　③务农和务工　　　④投资理财

⑤其他_____

18. 2015 年家庭总支出_____元。

19. 2015 年家庭最主要的支出是什么？

①购买食品烟酒等和衣服　　　　②住房　　　③买车和交通

④教育娱乐　　　　　　　　　　⑤其他＿＿＿＿＿＿

（二）户主信息（如果受访者是户主本人则跳过题目）

1. 户主性别：　男　　女

2. 户主年龄：＿＿＿＿周岁。

3. 户主文化程度：＿＿＿＿。

①没有上过学　　②小学　　　　③初中

④高中（含中专技校）　　　　　⑤大专、本科及以上

4. 户主主要从事的职业类型：

①务农　　　　　②外出务工　　③兼业农民（务农和务工）

④村干部等公职人员　　　　　　⑤其他＿＿＿＿＿＿

5. 户主健康程度：

①身体很不好　　②身体不太好　③一般

④身体比较好　　⑤身体很好

6. 户主婚姻状况：

①已婚且婚姻完整　　　　　　　②未婚

③离异　　　　　　　　　　　　④丧偶

7. 户主是否是党员？

①是　　　　　　　　　　　　　②否

8. 2015 年户主个人总收入＿＿＿＿＿＿元。

## 二、农村社会保障问题

请参加过新农保的农户回答：

1. 您参加新农保的最主要原因是什么？

①觉得挺好的，养老有保障　　　②看见别人参加也跟着参加了

③村里统一给参加的        ④不参加不给老人发养老金

⑤其他_____

2. 您的缴费方式是：

①每年缴                  ②一次性缴费

③征地补偿             ④其他_____

（1）如果是每年缴，2015 年新农保缴费_____元。

（2）如果是一次性缴费，一次性缴了多少？_____元。

3. 您参加新农保政府是否有补贴？（如个人缴 100 元政府补 30 元）

①有，_____元        ②没有        ③不清楚

4. 新农保最高档是每年缴多少钱？

①_____元               ②不知道

5. 您主要根据什么选择参保档次？

①根据收入             ②看别人

③村里统一的          ④根据补贴或者收益

⑤不知道，随便选的      ⑥其他_____

6. 您是否选择了最高参保档次？

①是                    ②否

（1）如果有更高档次，您是否还愿意选择更高档次？

①是                    ②否

（2）您为什么不愿意选择更高档次的新农保？

①经济原因，觉得有点贵      ②觉得不太合算

③对政策不太了解        ④对政策不太信任

⑤其他_____

7. 您会因为有了新农保减少劳动么？

①不会                ②会

没有参加新农保的农户回答：

8. 您不参加新农保的最主要原因是什么？

①觉得没有用或者用处不大　　②看见别人不参加自己也不参加

③不知道不清楚这个政策　　　④不相信政策能持续下去

⑤年龄还小，再考虑考虑　　　⑥有其他的保险

⑦其他＿＿＿＿＿＿＿

9. 当时参加新农保是否有补贴？

①有＿＿＿＿＿＿＿元　　　②没有　　　③不清楚

10. 当时新农保最高档是每年交多少钱？

①＿＿＿＿＿＿＿元　　　　②不知道

全部回答的问题：

11. 您当时是否知道您或者其他人在 60 岁以后每个月可以领取多少养老金？

①不知道　　　②大概知道　　　③很清楚地知道

12. 您认为新农保的办理程序方便吗？

①很方便　　　②一般　　　③不太方便

13. 您认为新农保的领取程序方便吗？

①很方便　　　②一般　　　③不太方便

14. 您对新农保有什么担心的地方？

①能不能按时按量领到钱

②自己交的养老保险金会不会被挪用

③物价上涨后，领到的钱没有多大用处

④没有担心

15. 您认为新农保是一项投资理财方式吗？

①是　　　②不是　　　③不知道

16. 您认为新农保合算吗？

①合算　　　②一般　　　③不合算

17. 您认为新农保的作用大吗？

①大            ②一般            ③不大

18. 您家的投资理财方式有哪些？占投资比例是多少？

| 方式 | 比例 | 方式 | 比例 |
|---|---|---|---|
| ①银行储蓄 | | ②购买银行理财产品 | |
| ③股票，基金或者投资房地产 | | ④商业保险 | |
| ⑤新农保 | | ⑥其他 | |

（如全部是储蓄，储蓄就是100%）

19. 哪个收益最高？哪个收益最低？哪个风险最大？哪个风险最小？

| | 收益最高 | 收益最低 | 风险最大 | 风险最小 |
|---|---|---|---|---|
| ①银行储蓄 | | | | |
| ②理财产品 | | | | |
| ③股票基金<br>房地产等投资 | | | | |
| ④商业保险 | | | | |
| ⑤新农保 | | | | |
| ⑥不知道 | | | | |

20. 您认为农民在多少岁之前可以靠自己（或者夫妻二人）劳动养活自己？

_____岁（提示：60岁、65岁、70岁、75岁等）。

21. 2015年您的基本生活花销大约有多少？

_____元，平均每月_____元。

22. 您认为目前的新农保能占老人生活支出的比例是多大？

①10%以下       ②10%~30%       ③30%~50%

④50%及以上       ⑤不太清楚

23. 您的子女是否给您生活费？

①是　　　　　②否

24. 您领到养老保险后，子女给您的钱是否减少了？

①减少了一些　　　　　　　②没有减少，该给多少还多少

25. 你认为老年人最需要的养老服务是什么？

①照料日常生活起居　　　　②看病等医疗护理服务

③陪着说话聊天　　　　　　④其他需求

26. 您在 60 岁之前是否考虑过自己的养老问题？

①没有　　　　　②考虑过

27. 60 岁之前您是否给自己攒下了养老钱？

①完全不能　　　②攒了一些

28. 您是否会因为有了养老保险而少存养老钱？

①会少存点　　　②不会，还是会照原来的计划尽量攒

29. 你目前依靠什么养老？

①依靠子女养老　　　　　　②自己攒钱养老

③社会养老保险养老　　　　④商业保险养老

⑤社会救助养老　　　　　　⑥我还不太清楚，现在没考虑

30. 您目前怎么养老？

①在家靠子女照顾或者自己在家养老　②社区养老

③养老院养老　　　　　　　④其他_____

31. 您是否愿意去养老院养老？

①不愿意　　　②看情况　　　③愿意

32. 您是否购买了商业保险？

①是　　　　　②否

（1）您家购买商业保险最主要原因是：

①觉得挺好的，生活更有保障

②看见别人买也跟着买了

③被推销人员劝说或者家里有人（亲戚朋友）是卖保险的

④其他_____

（2）不买商业保险的最主要原因是：

①觉得没有用或者用处不大

②周围没有多少人买自己也不买

③不知道不清楚商业保险

④不相信商业保险，怕被骗

⑤太贵了，买不起

⑥其他_____

33. 您家购买商业保险情况：

| 购买人数 | 购买种类（几种） | 2015 年合计缴费金额（元） |
| --- | --- | --- |
|  |  |  |

34. 您是否购买过商业养老保险？

①是　　　　　②否

35. 交商业保险费有没有影响您家庭的日常生活？_____。

①几乎没有影响

②有一些影响，感觉手头有点紧了

③影响很大，要省吃俭用

④感到生活有了保障，更敢花钱了

36. 您认为所购买的商业保险作用怎么样？

①一点用也没有，后悔了　　　　②不太有用

③作用一般　　　　　　　　　　④比较有用

⑤作用较大

37. 您认为目前国家提供的和您购买的保险能否满足保障需求？

①完全不能　　　②不太能　　　③一般　　　④基本可以

⑤完全可以

38. 如果养老金增加了，您愿意多花钱吗？

①不愿意　　　②不一定　　　③愿意

# 附录二

附表 1　不同缴费档次个人账户养老金模拟计算表——补贴年增长率为 2%

单位：元

| 年份 | 个人缴费 | 补贴 | 个人账户积累 | 积累 | 个人账户 | 养老金（月） | 养老金（年） |
|---|---|---|---|---|---|---|---|
| 2016 | 100 | 30 | 130.00 | 2275.66 | 16.37 | 136.37 | 1636.46 |
| 2017 | 100 | 31 | 130.60 | | | | |
| 2018 | 100 | 31 | 131.21 | | | | |
| 2019 | 100 | 32 | 131.84 | | | | |
| 2020 | 100 | 32 | 132.47 | | | | |
| 2021 | 100 | 33 | 133.12 | | | | |
| 2022 | 100 | 34 | 133.78 | | | | |
| 2023 | 100 | 34 | 134.46 | | | | |
| 2024 | 100 | 35 | 135.15 | | | | |
| 2025 | 100 | 36 | 135.85 | | | | |
| 2026 | 100 | 37 | 136.57 | | | | |
| 2027 | 100 | 37 | 137.30 | | | | |
| 2028 | 100 | 38 | 138.05 | | | | |
| 2029 | 100 | 39 | 138.81 | | | | |
| 2030 | 100 | 40 | 139.58 | | | | |

| 年份 | 个人缴费 | 补贴 | 个人账户积累 | 积累 | 个人账户 | 养老金（月） | 养老金（年） |
|------|---------|------|-------------|------|---------|------------|------------|
| 2016 | 200 | 35 | 235.00 | 4065.97 | 29.25 | 149.25 | 1791.02 |
| 2017 | 200 | 36 | 235.70 | | | | |
| 2018 | 200 | 36 | 236.41 | | | | |
| 2019 | 200 | 37 | 237.14 | | | | |
| 2020 | 200 | 38 | 237.89 | | | | |
| 2021 | 200 | 39 | 238.64 | | | | |
| 2022 | 200 | 39 | 239.42 | | | | |
| 2023 | 200 | 40 | 240.20 | | | | |
| 2024 | 200 | 41 | 241.01 | | | | |
| 2025 | 200 | 42 | 241.83 | | | | |
| 2026 | 200 | 43 | 242.66 | | | | |
| 2027 | 200 | 44 | 243.52 | | | | |
| 2028 | 200 | 44 | 244.39 | | | | |
| 2029 | 200 | 45 | 245.28 | | | | |
| 2030 | 200 | 46 | 246.18 | | | | |
| 年份 | 个人缴费 | 补贴 | 个人账户积累 | 积累 | 个人账户 | 养老金（月） | 养老金（年） |
| 2016 | 300 | 40 | 340.00 | 5856.28 | 42.13 | 162.13 | 1945.58 |
| 2017 | 300 | 41 | 340.80 | | | | |
| 2018 | 300 | 42 | 341.62 | | | | |
| 2019 | 300 | 42 | 342.45 | | | | |
| 2020 | 300 | 43 | 343.30 | | | | |
| 2021 | 300 | 44 | 344.16 | | | | |
| 2022 | 300 | 45 | 345.05 | | | | |
| 2023 | 300 | 46 | 345.95 | | | | |
| 2024 | 300 | 47 | 346.87 | | | | |
| 2025 | 300 | 48 | 347.80 | | | | |
| 2026 | 300 | 49 | 348.76 | | | | |
| 2027 | 300 | 50 | 349.73 | | | | |
| 2028 | 300 | 51 | 350.73 | | | | |
| 2029 | 300 | 52 | 351.74 | | | | |
| 2030 | 300 | 53 | 352.78 | | | | |

续表

| 年份 | 个人缴费 | 补贴 | 个人账户积累 | 积累 | 个人账户 | 养老金（月） | 养老金（年） |
|---|---|---|---|---|---|---|---|
| 2016 | 400 | 50 | 450.00 | 7743.656 | 55.70976 | 175.7098 | 2108.517 |
| 2017 | 400 | 51 | 451.00 | | | | |
| 2018 | 400 | 52 | 452.02 | | | | |
| 2019 | 400 | 53 | 453.06 | | | | |
| 2020 | 400 | 54 | 454.12 | | | | |
| 2021 | 400 | 55 | 455.20 | | | | |
| 2022 | 400 | 56 | 456.31 | | | | |
| 2023 | 400 | 57 | 457.43 | | | | |
| 2024 | 400 | 59 | 458.58 | | | | |
| 2025 | 400 | 60 | 459.75 | | | | |
| 2026 | 400 | 61 | 460.95 | | | | |
| 2027 | 400 | 62 | 462.17 | | | | |
| 2028 | 400 | 63 | 463.41 | | | | |
| 2029 | 400 | 65 | 464.68 | | | | |
| 2030 | 400 | 66 | 465.97 | | | | |
| 年份 | 个人缴费 | 补贴 | 个人账户积累 | 积累 | 个人账户 | 养老金（月） | 养老金（年） |
| 2016 | 500 | 60 | 560.00 | 9631.03 | 69.29 | 189.29 | 2271.46 |
| 2017 | 500 | 61 | 561.20 | | | | |
| 2018 | 500 | 62 | 562.42 | | | | |
| 2019 | 500 | 64 | 563.67 | | | | |
| 2020 | 500 | 65 | 564.95 | | | | |
| 2021 | 500 | 66 | 566.24 | | | | |
| 2022 | 500 | 68 | 567.57 | | | | |
| 2023 | 500 | 69 | 568.92 | | | | |
| 2024 | 500 | 70 | 570.30 | | | | |
| 2025 | 500 | 72 | 571.71 | | | | |
| 2026 | 500 | 73 | 573.14 | | | | |
| 2027 | 500 | 75 | 574.60 | | | | |
| 2028 | 500 | 76 | 576.09 | | | | |
| 2029 | 500 | 78 | 577.62 | | | | |
| 2030 | 500 | 79 | 579.17 | | | | |

续表

| 年份 | 个人缴费 | 补贴 | 个人账户积累 | 积累 | 个人账户 | 养老金（月） | 养老金（年） |
|------|---------|------|-------------|------|---------|-------------|-------------|
| 2016 | 1000 | 80 | 1080.00 | 18485.50 | 132.99 | 252.99 | 3035.87 |
| 2017 | 1000 | 82 | 1081.60 | | | | |
| 2018 | 1000 | 83 | 1083.23 | | | | |
| 2019 | 1000 | 85 | 1084.90 | | | | |
| 2020 | 1000 | 87 | 1086.59 | | | | |
| 2021 | 1000 | 88 | 1088.33 | | | | |
| 2022 | 1000 | 90 | 1090.09 | | | | |
| 2023 | 1000 | 92 | 1091.89 | | | | |
| 2024 | 1000 | 94 | 1093.73 | | | | |
| 2025 | 1000 | 96 | 1095.61 | | | | |
| 2026 | 1000 | 98 | 1097.52 | | | | |
| 2027 | 1000 | 99 | 1099.47 | | | | |
| 2028 | 1000 | 101 | 1101.46 | | | | |
| 2029 | 1000 | 103 | 1103.49 | | | | |
| 2030 | 1000 | 106 | 1105.56 | | | | |
| 年份 | 个人缴费 | 补贴 | 个人账户积累 | 积累 | 个人账户 | 养老金（月） | 养老金（年） |
| 2016 | 2000 | 80 | 2080.00 | 35417.87 | 254.80 | 374.80 | 4497.66 |
| 2017 | 2000 | 82 | 2081.60 | | | | |
| 2018 | 2000 | 83 | 2083.23 | | | | |
| 2019 | 2000 | 85 | 2084.90 | | | | |
| 2020 | 2000 | 87 | 2086.59 | | | | |
| 2021 | 2000 | 88 | 2088.33 | | | | |
| 2022 | 2000 | 90 | 2090.09 | | | | |
| 2023 | 2000 | 92 | 2091.89 | | | | |
| 2024 | 2000 | 94 | 2093.73 | | | | |
| 2025 | 2000 | 96 | 2095.61 | | | | |
| 2026 | 2000 | 98 | 2097.52 | | | | |
| 2027 | 2000 | 99 | 2099.47 | | | | |
| 2028 | 2000 | 101 | 2101.46 | | | | |
| 2029 | 2000 | 103 | 2103.49 | | | | |
| 2030 | 2000 | 106 | 2105.56 | | | | |

附表 2　不同缴费档次个人账户养老金模拟计算表——补贴年增长率为 4%

| 年份 | 个人缴费 | 补贴 | 个人账户积累 | 积累 | 个人账户 | 养老金（月） | 养老金（年） |
|---|---|---|---|---|---|---|---|
| 2016 | 100 | 30 | 130.00 | 2364.00 | 17.01 | 137.01 | 1644.09 |
| 2017 | 100 | 31 | 131.20 | | | | |
| 2018 | 100 | 32 | 132.45 | | | | |
| 2019 | 100 | 34 | 133.75 | | | | |
| 2020 | 100 | 35 | 135.10 | | | | |
| 2021 | 100 | 36 | 136.50 | | | | |
| 2022 | 100 | 38 | 137.96 | | | | |
| 2023 | 100 | 39 | 139.48 | | | | |
| 2024 | 100 | 41 | 141.06 | | | | |
| 2025 | 100 | 43 | 142.70 | | | | |
| 2026 | 100 | 44 | 144.41 | | | | |
| 2027 | 100 | 46 | 146.18 | | | | |
| 2028 | 100 | 48 | 148.03 | | | | |
| 2029 | 100 | 50 | 149.95 | | | | |
| 2030 | 100 | 52 | 151.95 | | | | |
| 年份 | 个人缴费 | 补贴 | 个人账户积累 | 积累 | 个人账户 | 养老金（月） | 养老金（年） |
| 2016 | 200 | 35 | 235.00 | 4169.03 | 29.99 | 149.99 | 1799.92 |
| 2017 | 200 | 36 | 236.40 | | | | |
| 2018 | 200 | 38 | 237.86 | | | | |
| 2019 | 200 | 39 | 239.37 | | | | |
| 2020 | 200 | 41 | 240.95 | | | | |
| 2021 | 200 | 43 | 242.58 | | | | |
| 2022 | 200 | 44 | 244.29 | | | | |
| 2023 | 200 | 46 | 246.06 | | | | |
| 2024 | 200 | 48 | 247.90 | | | | |
| 2025 | 200 | 50 | 249.82 | | | | |
| 2026 | 200 | 52 | 251.81 | | | | |
| 2027 | 200 | 54 | 253.88 | | | | |
| 2028 | 200 | 56 | 256.04 | | | | |
| 2029 | 200 | 58 | 258.28 | | | | |
| 2030 | 200 | 61 | 260.61 | | | | |

| 年份 | 个人缴费 | 补贴 | 个人账户积累 | 积累 | 个人账户 | 养老金（月） | 养老金（年） |
|---|---|---|---|---|---|---|---|
| 2016 | 300 | 40 | 340.00 | 5974.07 | 42.98 | 162.98 | 1955.75 |
| 2017 | 300 | 42 | 341.60 | | | | |
| 2018 | 300 | 43 | 343.26 | | | | |
| 2019 | 300 | 45 | 344.99 | | | | |
| 2020 | 300 | 47 | 346.79 | | | | |
| 2021 | 300 | 49 | 348.67 | | | | |
| 2022 | 300 | 51 | 350.61 | | | | |
| 2023 | 300 | 53 | 352.64 | | | | |
| 2024 | 300 | 55 | 354.74 | | | | |
| 2025 | 300 | 57 | 356.93 | | | | |
| 2026 | 300 | 59 | 359.21 | | | | |
| 2027 | 300 | 62 | 361.58 | | | | |
| 2028 | 300 | 64 | 364.04 | | | | |
| 2029 | 300 | 67 | 366.60 | | | | |
| 2030 | 300 | 69 | 369.27 | | | | |
| 年份 | 个人缴费 | 补贴 | 个人账户积累 | 积累 | 个人账户 | 养老金（月） | 养老金（年） |
| 2016 | 400 | 50 | 450.00 | 7890.892158 | 56.76901 | 176.769 | 2121.228 |
| 2017 | 400 | 52 | 452.00 | | | | |
| 2018 | 400 | 54 | 454.08 | | | | |
| 2019 | 400 | 56 | 456.24 | | | | |
| 2020 | 400 | 58 | 458.49 | | | | |
| 2021 | 400 | 61 | 460.83 | | | | |
| 2022 | 400 | 63 | 463.27 | | | | |
| 2023 | 400 | 66 | 465.80 | | | | |
| 2024 | 400 | 68 | 468.43 | | | | |
| 2025 | 400 | 71 | 471.17 | | | | |
| 2026 | 400 | 74 | 474.01 | | | | |
| 2027 | 400 | 77 | 476.97 | | | | |
| 2028 | 400 | 80 | 480.05 | | | | |
| 2029 | 400 | 83 | 483.25 | | | | |
| 2030 | 400 | 87 | 486.58 | | | | |

续表

| 年份 | 个人缴费 | 补贴 | 个人账户积累 | 积累 | 个人账户 | 养老金（月） | 养老金（年） |
|---|---|---|---|---|---|---|---|
| 2016 | 500 | 60 | 560.00 | 9807.72 | 70.56 | 190.56 | 2286.71 |
| 2017 | 500 | 62 | 562.40 | | | | |
| 2018 | 500 | 65 | 564.90 | | | | |
| 2019 | 500 | 67 | 567.49 | | | | |
| 2020 | 500 | 70 | 570.19 | | | | |
| 2021 | 500 | 73 | 573.00 | | | | |
| 2022 | 500 | 76 | 575.92 | | | | |
| 2023 | 500 | 79 | 578.96 | | | | |
| 2024 | 500 | 82 | 582.11 | | | | |
| 2025 | 500 | 85 | 585.40 | | | | |
| 2026 | 500 | 89 | 588.81 | | | | |
| 2027 | 500 | 92 | 592.37 | | | | |
| 2028 | 500 | 96 | 596.06 | | | | |
| 2029 | 500 | 100 | 599.90 | | | | |
| 2030 | 500 | 104 | 603.90 | | | | |
| 年份 | 个人缴费 | 补贴 | 个人账户积累 | 积累 | 个人账户 | 养老金（月） | 养老金（年） |
| 2016 | 1000 | 80 | 1080.00 | 18721.08 | 134.68 | 254.68 | 3056.21 |
| 2017 | 1000 | 83 | 1083.20 | | | | |
| 2018 | 1000 | 87 | 1086.53 | | | | |
| 2019 | 1000 | 90 | 1089.99 | | | | |
| 2020 | 1000 | 94 | 1093.59 | | | | |
| 2021 | 1000 | 97 | 1097.33 | | | | |
| 2022 | 1000 | 101 | 1101.23 | | | | |
| 2023 | 1000 | 105 | 1105.27 | | | | |
| 2024 | 1000 | 109 | 1109.49 | | | | |
| 2025 | 1000 | 114 | 1113.86 | | | | |
| 2026 | 1000 | 118 | 1118.42 | | | | |
| 2027 | 1000 | 123 | 1123.16 | | | | |
| 2028 | 1000 | 128 | 1128.08 | | | | |
| 2029 | 1000 | 133 | 1133.21 | | | | |
| 2030 | 1000 | 139 | 1138.53 | | | | |

续表

| 年份 | 个人缴费 | 补贴 | 个人账户积累 | 积累 | 个人账户 | 养老金（月） | 养老金（年） |
|------|----------|------|--------------|------|----------|--------------|--------------|
| 2016 | 2000 | 80 | 2080.00 | 35653.45 | 256.50 | 376.50 | 4518.00 |
| 2017 | 2000 | 83 | 2083.20 | | | | |
| 2018 | 2000 | 87 | 2086.53 | | | | |
| 2019 | 2000 | 90 | 2089.99 | | | | |
| 2020 | 2000 | 94 | 2093.59 | | | | |
| 2021 | 2000 | 97 | 2097.33 | | | | |
| 2022 | 2000 | 101 | 2101.23 | | | | |
| 2023 | 2000 | 105 | 2105.27 | | | | |
| 2024 | 2000 | 109 | 2109.49 | | | | |
| 2025 | 2000 | 114 | 2113.86 | | | | |
| 2026 | 2000 | 118 | 2118.42 | | | | |
| 2027 | 2000 | 123 | 2123.16 | | | | |
| 2028 | 2000 | 128 | 2128.08 | | | | |
| 2029 | 2000 | 133 | 2133.21 | | | | |
| 2030 | 2000 | 139 | 2138.53 | | | | |